遇见馆藏编委会　编

小藏漫游
山海经

上海人民出版社

目　录

序言

在中国浩如烟海的历史典籍中，《山海经》是一部具有独特价值的著作。它是中国最早的一部"百科全书"，也是一部记录中华民族地理和文明起源的伟大著作，保存了包括夸父逐日、精卫填海、大禹治水等许多脍炙人口的远古神话传说。

我从小就对《山海经》里的故事无限神往，书中许多语焉不详的描述也丝毫没有阻挡我的热情，反而更添神秘色彩，足够我不断展开天马行空的联想。

而当有一次我把《山海经》的故事讲给女儿听，听到她那些截然不同的奇思妙想时，我忽然意识到，这一种想象力的传递，已经跨越了几千年，这是多么神奇啊！

我顿时萌生了一种想法——我何不以一种更趣味性、更通俗易懂的方式呈现它，能让小朋友和年轻人们更好地"走入《山海经》"，让他们畅游其中，在自己想象的世界中探索呢？

这个想法就这么在我心中扎了根。

2018年，我组建了如今的团队，创建了"馆藏山海经"IP，从最初的"国潮"创作，与非遗艺术家合作，到如今走在时代浪潮前沿开拓"山海元宇宙"，我们见到了各行各业无数人眼中绮丽绚烂的《山海经》世界。

想象、创造、蓬勃的生命力，都是先贤们留给我们的宝藏，是文化的瑰宝，是我们、也是我们的孩子们的骄傲——如果不能让孩子们喜欢上它，那该多遗憾啊。

于是我与我的团队在进行了大量的调研、拜访多位学者、钻研无数资料后，这个从小就在我脑海以浮光掠影呈现的"山海王国"，逐渐显露出它的"真容"。

这本《小藏漫游山海经》中呈现的，就是其中一隅。

本书的主人公小藏，是我们遇见馆藏IP吉祥物，原型来自《山海经》中养之解忧的神兽䖆䖆，由它带领大家走入一个源自上古的奇妙世界，想来是再合适不过的了。

在书中，你可以看到皇城、林氏、氐人、厌火、白民五大部落不同的风貌和民俗，可以在小藏的视角下结识强大而神奇的守护神兽。这里面的许多奇人异兽都来自《山海经》，也有许多妙趣横生的故事来自每一个走入其中的"游客"——当然，无数的故事还在发生，我们的文化瑰宝，就如此代代传承。

希望所有人永远都不要轻视小时候做过的每一个梦，没准它就变成了一个真正的"王国"，能够让更多人看到它的魅力呢。

皇城部落

　　皇城部落位于山海王国正西，是山海王国国王及王公贵胄们的居所。

　　皇城部落涵盖了《山海经》之《中山经》《大荒经》（《大荒东经》《大荒南经》《大荒西经》《大荒北经》四篇）所记载的地理范围。这里幅员辽阔，物产丰富，包含一百九十七座山及四大荒原。

　　皇城部落里鎏金绿瓦，紫柱金梁，放眼望去，商铺鳞次栉比，城内夜夜笙歌，极尽奢华。

　　皇城部落属"金"，代表五行之"金"的朏朏是这里的守护神兽。

　　皇城部落内的居民，家家皆饲养朏朏，因此这里的人每日乐而无忧。

朏 朏

朏 fěi
朏 fěi

"霍山，其木多榖。有兽焉，其状如狸而白尾有鬣，名曰朏朏，养之可以已忧。"

霍山里的树木多为构树，山中有一种野兽，外表像山猫，长着白色的尾巴，且颈部有长毛，这种野兽名叫朏朏，人们饲养它可以消除忧愁。

所有的旅行都会有一个起点，小藏在山海王国的起点便是皇城。

刚进入皇城，小藏立刻被眼前的一切新鲜事物所吸引，金碧辉煌的街道，鳞次栉比的商铺，人们彼此友爱，真可谓是天上人间。

小藏穿行于皇城的大街小巷，注意到一件奇事：这皇城里，几乎所有人的家里都养着一种宠物。打量着那兽的外形，小藏认出，这是《山海经》中名曰"朏朏"的神兽。

原来这家家户户供养着的宠物都是那"养之已忧"的朏朏，难怪皇城里的人都乐而无忧。小藏心里如此寻思着，不知不觉，已被身边的人团团围住，人们交头接耳，小声讨论着关于小藏的事："瞧这小家伙白白净净的模样！""瞧瞧它尖尖的耳朵和蓬松的鬃毛！""这是谁家的朏朏？抑或是野生的朏朏？""依我看，它一定是昆仑山上的神仙们所饲养的朏朏，你们看，它可有两条尾巴呢！"

就这样，小藏被带到皇宫里，只见偌大的宫殿里，俯卧着一只足有三层楼那么高的朏朏！原来，这就是皇城的守护神兽朏朏。

朏朏睁开眼，只是看了小藏一会儿，便识出了小藏的身份："你不是山海王国里的居民吧？"

"没错！你好，我是来自 YJGC 星的小藏，是一名旅行者！很高兴见到你！"

终于见到了守护神兽，小藏也终于有机会把一个压在心底的问题抛出来了：

"通过观察皇城，我注意到皇城里家家户户皆饲养朏朏来解忧，虽然大家都快快乐乐的，但……总感觉哪里怪怪的。"

"你是想说，仅仅有快乐，是不能实际解决困难和问题的，对吧？"

小藏不好意思地点点头。

"确实如你所说，解忧解忧，仅仅消除忧愁，是不能真的解决困难和问题的，但是通过朏朏解忧，皇城内无论老少，都能时刻拥有一个积极的态度，不畏惧困难，不逃避问题，永远不会被生活击倒。"

经过朏朏的解释，小藏才明白，原来这才是皇城和谐繁荣的秘诀。小藏晃动着尾巴，又向朏朏提出另一个问题："皇城里的人都说我是一只特殊的朏朏，你知道是为什么吗？"

面对这个问题，朏朏则为小藏指了个方向，他告诉小藏，皇城的神仙们就住在那个地方，他们会回答小藏的问题。

于是又在皇城停留游玩了几日后，小藏便继续上路了。

延 展

• 曾有人研究解释，朏朏的原型是古代的家猫，也有人猜测，朏朏是远古时代原始猫科动物。

青耕和跂踵

青耕 qīng gēng

"堇理之山，其上多松、柏，多美梓，其阴多丹雘，多金，其兽多豹、虎。有鸟焉，其状如鹊，青身白喙，白目白尾，名曰青耕，可以御疫，其鸣自叫。"

堇理山上有许多松树、柏树，还有很多美丽的梓树，这座山的阴面有许多用来做颜料的红色矿物，还有许多金属，山中的野兽多为豹子、老虎。山中有一种禽鸟，它的外形像喜鹊，身体是青色的，嘴巴是白色的，眼睛和尾巴也都是白色的，这种禽鸟叫做青耕，可以抵御瘟疫，它的叫声便是自己名字的读音。

跂踵 qǐ zhǒng

"复州之山，其木多檀，其阳多黄金。有鸟焉，其状如鸮而一足、彘尾，其名曰跂踵，见则其国大疫。"

复州山上的树木多为檀树，这座山的阳面有许多黄金。山中有一种禽鸟，它的外形像猫头鹰，长着一只脚和猪一样的尾巴，这种禽鸟叫做跂踵，它的出现显示会有严重的瘟疫发生。

旅行是件轻松事，小藏一路向西行走，注意，小藏在"行走"，为什么要注意这件事呢？因为我们的小藏可不普通，瞧见他眼睛上的那个东西没有？那是名为"齿轮眼"的道具，是只需轻轻转动就能去往任何时间、任何地点的秘密"武器"！

但是，小藏怎么也没想到会遇上这种事——

小藏来到了个小村庄，本想着去那里了解些风土人情，靠近后才发现，这竟是一个疫病横行的"病村"！

看着七扭八歪蜷缩在角落的村民，干枯凋零、腐烂枯萎的作物，痛苦嚎叫、虚弱干瘦的牲畜，小藏很是同情。虽然小藏不是专业的医生，但小藏决定帮助这些人，谁知，他一只脚刚迈进村口大门，就见一只体型巨大、形似猫头鹰的鸟朝自己冲过来。

"启动吧！齿轮眼！"

小藏转动齿轮眼，躲过攻击，来到一个看起来尚且清醒的人身边。

"你好！我是小藏，你们这里发生了什么事？"

"咳咳咳……去找青耕，是跂踵在作恶啊！"

"青耕？跂踵？"

小藏回忆起《山海经》，立刻明白了，原来这村里的病疫，正是那只刚刚想攻击自己的跂踵搞的鬼！而青耕则刚好是一只能够抵御瘟疫、克制跂踵的神兽。

于是小藏又一次转动齿轮眼："启动吧！齿轮眼！去青耕身边！"

一瞬间，小藏出现在一片美丽的树林中，此时的小藏可无心欣赏风景，他焦急地对着四周大喊："青耕，青耕！你在哪里？有人需要你的帮助！"

像是回应小藏的呼喊般，一只青身白喙的小鸟"青耕青耕"地叫着从树上飞下来落在小藏的头上，比对《山海经》里的描述，这只"叫着自己名字"的小鸟，想必就是青耕了。

于是小藏带着青耕返回了村庄，那四处散播瘟疫的跂踵，离老远就看到青耕，还没等青耕飞过去，自己就先溜走了。

就这样，在小藏的帮助下，青耕驱逐了疫病，村庄也恢复了生机。

"可如果跂踵再来可怎么办呀？"小藏担忧地问。

"这你就不用担心了，山海王国自然万物相生相克，那跂踵天生怕这青耕，定是不敢再来！这是向来如此的事！"

虽然小藏依然感到忧虑，但看村民们的表情，便跟着放下心来，毕竟"纸上得来终觉浅，绝知此事要躬行"，或许山海王国里还有许多只有在这里生活的居民才能了解的秘密和规律吧！

延 展

• 晋代郭璞曾将青耕和跂踵对比："青耕御疫，跂踵降灾。物之相反，各以气来。见则民咨，实为病媒。"意思是说，二者同样是鸟类，却因为秉受精气的不同而有相反的功能，跂踵出现，就会引起民众的嗟叹，实在是传播病疫的媒介。

• 有说法认为，青耕鸟实为喜鹊，青耕鸟御疫的神话在后世也演变为"喜鹊报喜"的民俗观念，并一直延续到了当代。

食铁兽和植楮

食铁兽

shí tiě shòu

晋代郭璞在《山海经》注解中说:"邛崃山,在汉嘉严道,有九折坂,出貊。貊似熊而黑白驳。亦食铜铁。"

邛崃山在汉代的嘉严道,那里有一个叫九折坂的地方,那里有一种叫貊的野兽出没,这种貊外表像熊,毛色黑白交驳,喜欢舔食铜铁。

植楮

zhí chǔ

"脱扈之山,有草焉,其状如葵叶而赤华,荚实,实如棕荚,名曰植楮,可以已瘅,食之不眯。"

在脱扈山上生长着一种草,它的形状像葵叶,开红色的花,结荚果,果实像棕树的荚,这种草叫做植楮,可以治疗忧郁症,吃了它就不会有梦魇。

　　在旅行中，小藏大部分时间都是在山野郊外独自度过的，支一个帐篷，点一篝柴火，再用脱扈山上盛产的植梏煮一碗吃了不会害梦魇的果羹，一夜便过去了。这种露营生活看似惬意舒适，但总是伴随着意外发生——有时是恶劣的天气，有时是凶暴的野兽，不过小藏不担心这个，因为他有着能够带他去任何地方的齿轮眼。

　　但是当擅长"逃跑"的小藏遇到这种事时，也着实是有些手足无措了。

　　这天，小藏来到邛崃山，这里物产丰富，江水自流，实在是个适合露营的好地方，于是在邛崃山的小藏，白天游山玩水，晚上安营扎寨，孤独而充实的田园慢生活，让小藏由身到心都感到一种深深的净化。

　　然而当第二天清晨，小藏走出帐篷后，眼前的景象让他大惊失色：那些自己放置在帐篷外的东西，如今七零八落地散落一地。整理清点一番后，小藏还发现自己用来熬制植梏果羹的锅子也不见了！小藏倒是设想过将食物放在帐篷外夜晚会被山中的动物偷走的情形，可究竟是什么动物会连锅子也一同端走呢？

　　小藏虽然有所疑虑，但是并没有想太多，因为山海王国里有太多奇奇怪怪的事了，所以面对一口在夜里失踪的铁锅，小藏自己倒是给了个答复："就当是邛崃山的夜风偷走了它吧！"

　　即使少了一口锅子，对小藏的露营生活也无太大影响，他照样可以用碗充当临时的锅来熬煮食物，虽然看起来寒酸了些，但似乎更有一番野外露营的风格，所以小藏还是十分满意的。

　　可是当事情发展到那铁质的碗、铁质的杯、甚至铁质的餐具也在夜晚离奇失踪时，小藏就没这么得意了，于是他下决心：

"一定要在今晚，把事情调查清楚！"

于是，又是邛崃山宁静的一夜，小藏吃下几个植楮，这种治疗忧郁症的果实，能够帮助眼下守株待兔的小藏缓解紧张的情绪，可是小藏忘了植楮的安眠功能，他等着等着，自己就昏昏沉沉地睡着了。

一夜好梦，当小藏正畅游于梦中的山海云端时，忽然感到脸上湿漉漉的，一睁眼，只见一张黑白相间的大脸正贴在面前，伸着舌头舔舐自己脸上的齿轮眼呢！

小藏这才看清，原来是一只食铁兽啊，食铁兽虽然看起来憨态可掬、温顺可爱，实际上却是十分凶猛的恶兽，情急之下，小藏只好转动齿轮眼逃离了邛崃山，由于是慌忙出逃，自己随身携带的所有东西也都不慎丢失了。

唉，小藏不得不思考，自己究竟是哪里做错了呢？是在第一夜锅子丢失时没有采取行动的粗心，还是在决定调查真相时却睡着的大意呢？

延 展

- 通常认为，现代的大熊猫就是古书中记载的食铁兽。
- 一些学者认为，大熊猫在没有盐吃的情况下，会去村民家中舔食铁锅等炊具上的盐分，有时甚至会咬坏铁锅，因此被取名为食铁兽。
- 传闻中，食铁兽也是蚩尤的坐骑，是名副其实的猛兽。

夫 诸

夫 fū
诸 zhū

"敖岸之山，其阳多㻬琈之玉，其阴多赭、黄金。神熏池居之。是常出美玉。北望河林，其状如蒨如举。有兽焉，其状如白鹿而四角，名曰夫诸，见则其邑大水。"

敖岸山的阳面有许多㻬琈玉，山的阴面有许多红土、黄金。据说一个叫做熏池的神住在这座山里。山中常常出产美玉，在山的北面张望，能够看见黄河岸边的树林，树林里的树木外形像是蒨草或榉树。山中有一种野兽，它的外表像白鹿，有四只角，名字叫夫诸，它一旦出现，其所在的地域就会发生水灾。

　　早在造访山海王国之前，小藏就知道，山海王国里有许多功能奇特的神兽，这些神兽有的会带来丰收，有的会带来安宁，有的能够助人好运，有的则助人健康，但在小藏看来，这些神兽都不足为奇，它们虽然光鲜亮丽受人喜爱，但是总不够气势恢宏，真要说到那令人闻风丧胆的，还得是那些传说中的凶兽。

　　虽然小藏是如此憧憬那些"反派"凶兽，可当小藏亲身经历到"反派"的威力时，他彻底改变了自己的想法。

　　敖岸山是一座阳面多琈玗美玉、阴面多红土黄金的仙山，山中有一个小小的村寨，村寨蒙受熏池神的恩惠，人们在这里过着自给自足的生活，他们看到漫步于山间的小藏，便邀请他到村中做客。

　　人们设宴请酒款待小藏，小藏则向人们讲述自己在山海王国旅行时的见闻，小藏告诉敖岸山的居民，自己刚刚在山中漫步时，偶然见到了一头浑身雪白生有四角的鹿，美丽端庄，衬得整座敖岸山宛若仙境，人们听到小藏的话却大惊失色，他们告诉小藏，他看到的四角白鹿，正是"见则其邑大水"的凶兽夫诸。

　　人们立刻收拾起东西，准备向山顶出发，躲避水灾，看到人们忙碌慌张的样子，小藏拍拍胸脯："这夫诸既然是我招来的，为了报答你们的款待，我自然得想办法把它请回去，大家不要惊慌，这事儿交给我来解决吧！"

　　小藏之所以这么说，一方面是真的出于对人们的感谢，另一方面则是想亲眼去瞧瞧传说中的凶兽，于是人们为小藏指了个方向：栖息在敖岸山的夫诸，向来从那个方向来。

　　"启动吧！齿轮眼！带我到夫诸身边！"

　　就这样，小藏见到了夫诸，这时的夫诸身边已被汹涌的大水

包围，唯其脚下一片空地可以立人，好在有齿轮眼，小藏得以与夫诸共享这一点空地，不然的话，小藏可真想不到自己该如何与夫诸对话。

"夫诸呀夫诸，我是小藏，我知道你可以操控大水，你可以让这水消退吗？"

"我为什么要那么做呢？"

小藏指向村寨的方向："你看，你带来的洪水就要把那村庄淹没了。"

夫诸仿佛带着歉意似地回答小藏："可这大水并非受我操控，相反，一直以来都是大水逐我而来。"

"那你换个方向走不就得了？"

"那么洪水淹没了其他地方就没关系了吗？"

小藏一时无法回答夫诸的问题，于是夫诸扬了扬自己的角对小藏说："大水虽然会淹没这里的村庄，但也有清洁河流、肥沃田野的功能，敖岸山的居民早已习惯多大水的生态环境，我所带来的水对他们只有好处呀。"

原来用"辩证"的想法看待事物，凶兽也是益兽，坏事也是好事，如何运用自然的法理，才是生活的门道与诀窍。

延 展

• 有人认为，夫诸本为水神共工的坐骑，因在水神共工身边耳濡目染，所以学会了控水的本领。

• 有人认为，夫诸的原型为现代的坡鹿，因其喜欢在水边聚集，所以被视为水灾的象征。

脩辟鱼

脩辟鱼

xiū
pì
yú

"橐山，其木多樗，多楠木，其阳多金玉，其阴多铁，多萧。橐水出焉，而北流注于河。其中多脩辟之鱼，状如鼃而白喙，其音如鸱，食之已白癣。"

橐山中的树木多为臭椿树和楠树，山的阳面有许多金和玉，山的阴面有许多铁和艾蒿。橐水发源于此，向北奔流汇注黄河，水中生活着很多名为脩辟的奇鱼，其形状像青蛙，却长着白色的嘴巴，发出的声音就如同鸱鹰鸣叫，据说人吃了这种鱼的肉，就能治愈白癣之类的痼疾。

一直有听说，《山海经》其实是一本山水美食综录，里面记载了各种各样生物的吃法及功效，小藏揉揉自己的肚子，想着若是有机会，一定要吃一口尝尝鲜。

所谓"念念不忘，必有回响"，仿若山海王国听到了小藏的愿望般，这天，小藏正沿着枭山的橐水散步，忽然看到一条外形似蛙的鱼奄奄一息地躺在河岸边，它口中发出如同鹍鹰般的叫声，像是在求救，又像是在发出没有威慑力的警告。

如此有特点的鱼，小藏一眼便认出：这是《山海经》中记载的，可以治疗白癣病的脩辟鱼。小藏无奈又庆幸地摇摇头，倘若自己患有白癣病，一定要逮住这条倒霉的脩辟鱼，尝尝它是什么味道的，可惜眼下的自己并没有这方面的疾病，所以秉承着一分善良，小藏打算帮帮这条鱼，将它放归橐水。

随着小藏的靠近，这条脩辟鱼的叫声也愈来愈大，待小藏试图伸手捧起那条鱼时，它竟像是见到了什么恐怖的事情一样在原地剧烈挣扎了起来，它原地扑腾了几下后，一口咬住小藏的手指。

"嘿！冷静点！我没有吃了你的意思！"小藏对脩辟鱼大喊。

"别骗我了！你长得白花花的模样！一看就是来抓我吃的！"

经过好一番争吵与解释，脩辟鱼才安稳下来，它不好意思地告诉小藏，自己是不小心从水中跳上了岸，因为脱水所以什么也看不清，眼前朦胧之际，看到一团白花花的，以为是得了白癣病的人来抓自己了呢。

小藏听完对脩辟鱼说："哎，原来如此，怪不得你刚刚挣扎得那么厉害，哎哟，瞧我这手指，到现在还痛呢。"

"真是对不起……我不知道你是要来帮我的……"脩辟鱼羞

愧地对小藏道歉。

小藏则变本加厉地甩动自己的手指："可不是嘛！哎哟哟，被你这么一咬，以后我还哪里敢帮助有困难的人呀！"

听到小藏这么说，脩辟鱼严肃起来："你会这么说，是因为你从来都不是被捕食者。所谓推己及人，行动前试着站在对方的立场想问题，如果你是我，像我一样每天胆战心惊地活着，也会和我一样面对一点风吹草动就草木皆兵、提心吊胆。"

被脩辟鱼这么一说，小藏委屈起来："我明明帮助了你，你不仅咬了我一口还要这样说我，真让人难过，不过我倒是理解你们的生活有多不容易了，倘若我也有食之已病的功效的话，也会和你一样警惕、怀疑一切陌生人吧。"

"是啊，这就是弱肉强食的世界上，小人物的生存方式呀。"

延 展

• 有人认为，脩辟鱼其实是一种特殊的蛙类。

文 文

文
文 wén
wén

"放皋之山，明水出焉，南流注于伊水，其中多苍玉。有木焉，其叶如槐，黄华而不实，其名曰蒙木，服之不惑。有兽焉，其状如蜂，枝尾而反舌，善呼，其名曰文文。"

明水自放皋山而出，向南流入伊河，水中有许多苍白色的玉石。山中有一种树，它的叶子像槐树的叶子，开着黄色的花却不结果实，这种树叫做蒙木，服食这种树可以神清气爽。山中有一种野兽，它的外形像黄蜂，尾巴像树枝般有分叉，舌头倒着生长，喜欢呼叫，它的名字叫做文文。

　　就像人有高矮胖瘦一样，山海王国里的怪奇异兽自然也都不是同一个体型的，它们有的如家养的鸟兽一般大，有的比几个人叠在一起还要高，再大一些足有遮天蔽日之体态，最夸张的甚至你根本不知道它有多大。

　　总之，体型越大的异兽，在世间活动时就越引人注目。那么，关于那些体型小巧的异兽们呢？它们平时是怎样生活的？又会对普通人的生活造成什么影响呢？

　　今天，小藏就遇到了山海王国中小型异兽的一员。

　　话说小藏一路行至放皋山，这里山林茂密，绿树成荫，明水于山间流淌，苍白色的玉石静静地沉睡其中，本是一派怡然宁静之景，可走在其中的小藏却怎么也安不下心来，理由很简单：从他来到放皋山开始，就一直能听到一个声音在呼唤他。

　　要如何描述这个声音呢？

　　只能说，这呼唤声非常响亮，呼唤的词语也十分清晰，从"你好，欢迎来到放皋山，这里有一条叫做明水的河，它向南流会汇入伊河"到"那棵树叫做蒙木，服食那种树就可以不迷惑"……事无巨细地为小藏描述着放皋山的一切，这声音忽近忽远，有时听起来就像在小藏耳边，有时又听起来像在小藏前面好远，最奇怪的是，小藏左顾右盼也找不见那发声的究竟是谁。

　　不过山海王国怪事频多，小藏见怪不怪，丝毫没有好奇之意，只在这声音的陪伴下一路游历放皋山，吃野果，捞玉石，眼看就要离开放皋山，那个声音在小藏耳边忽远忽近地响起："唉，这个客人也要走了，见他玩得那么开心，我还以为他听到我的声音了呢，看来这一次又是我自作多情了，像我这样渺小的存在根本不会被人注意到，这才是我的命运呀！"

"原来你不是山中的幽灵？"

小藏忽然开口，那声音先是像被吓了一跳般安静了几秒，接着它兴奋地高喊起来："哎呀！你是能看见我的呀！""哎呀！我在这儿！""不对！不在那个方向！你看这儿！"

最终小藏按照那个声音的指示，循声溯源，在一片叶子下见到了一只黄蜂般大小的生物——这就是《山海经》中记载的舌头倒生、擅长呼叫的神兽文文。

经过一番简单的交流，小藏得知，原来这文文生来体型娇小，不被人注意，但自己又热情好客，希望能结交些志同道合的朋友，于是勤练口才和发音，向每一个来放皋山的旅客搭话，可惜那些旅客不是被自己吓跑了，就是压根不听自己说话，只当自己不存在。

听了文文的烦恼，小藏无奈地表示：既然想与人交朋友，就要以真面目示人，本就不容易被人看到，还总是躲起来与人说话，难怪要么被人当作山中的鬼怪，要么直接被无视呀！

延 展

• 在不同版本的《山海经》里，也有将文文记载为"有木焉，其状如蜂，枝尾而反舌，善呼，其名曰文文。"

• 有人推测，文文为现代变色龙的原型。

龖蚳

龖蚳 lóng chí

"昆吾之山，其上多赤铜。有兽焉，其状如彘而有角，其音如号，名曰龖蚳，食之不眯。"

在昆吾山有许多赤铜，山中有一种野兽，它的外形与猪相似，头上长着角，它发出的声音像是人的哭嚎声，这种野兽名叫龖蚳，吃了它的肉就不会有梦魇。

虽然看起来行事鲁莽，但实际上小藏的胆子一向不大，所以在那些居住于荒郊野岭的夜晚，小藏经常难以睡得安稳，同时，噩梦也如影子般时不时闯入小藏的梦乡。

这几日的小藏，正在昆吾山中打转，因为他在这里遇到了一件怎么也解释不通的怪事：无人居住的昆吾山里，总是能传来有人哭泣哀嚎的声音。到这里，或许有人会说，遇到这种事，直接循着声音找到声源，调查清楚不就行了？这道理小藏自然是明白的，但小藏实在是太害怕了，如果那发出哭嚎声的真的是什么恐怖的东西可怎么办？万一那是什么吃人的怪物，或是缠人的诅咒，到时候就算小藏能用齿轮眼跑得远远的，倘若那怪物在后面追得死死的可怎么办？

只要一想到这些，不管在昆吾山中听到怎样的哭嚎声，小藏都绝不好奇，绝不张望，保持着这样神经紧张的状态，在昆吾山的这几夜，小藏都在做一个可怕的梦：梦里一个看不清脸的怪物，一边哭嚎着一边追赶他！最令小藏感到惊慌的是，齿轮眼也不能使用了，任凭小藏怎样转动，他都只能凭借一双脚逃避追捕。

就这样，小藏一夜一夜重复着在梦里的逃亡，精神状况每况愈下，现在，当他走在昆吾山里，再听到恐怖哭嚎声时，既不张望，也不逃走，他早已没了警戒"草木皆兵"的力气，所以小藏丝毫没有注意到那哭嚎声正离自己越来越近。

就这样，又是一夜，小藏疲惫地蜷缩在睡袋里，哭嚎声响彻漫山遍野，小藏几乎分不清什么时候在梦里，什么时候是清醒的，只得按着双耳不去听那可怖的哭嚎声，但这阻止不了小藏注意到某个呼着气的东西来到了自己的睡袋外——热气透过睡袋打到小藏身上，那东西的一呼一吸小藏都感受得一清二楚，像是在确认小藏是否在睡袋里一样，小藏还感觉到它在睡袋外拱了拱他，小藏一动不敢动，就这样屏着鼻息，直到感觉那东西离开。

听着疑似是脚步声的声音渐渐远去，小藏才从睡袋中探出头，远远地，小藏看到一只头上有角的猪的背影，似是那只猪，一步一叹息，叹息声如哀伤的哭嚎，一脸茫然的小藏又注意到自己的睡袋外留下了一撮鬃毛及一张歪歪扭扭的字条：可治梦魇。

到这里，小藏才发现，原来刚刚在自己睡袋外的和这几天在山中哭嚎的都是《山海经》中记载的像猪长角的蛊蚳，据说吃了蛊蚳就能治疗梦魇。

虽然小藏还是不清楚蛊蚳将自己能够治疗梦魇的毛发送给自己的原因，但是多亏了服食这毛发，剩下的几日小藏再也没有做噩梦，也不再恐惧昆吾山里的哭嚎声，顺利地穿山越岭，继续自己的旅行。

延 展

• 中国古代志怪小说《拾遗记》中记载，越王勾践时期，勾践派工匠以白马白牛祭祀昆吾山神，采集赤金铸成八把宝剑，分别为：掩日剑，断水剑，转魄剑，悬翦剑，惊鲵剑，灭魂剑，却邪剑和真刚剑，分别对应八方之气。

梁渠和狙如

梁渠 liáng qú

"历石之山，其木多荆、芑，其阳多黄金，其阴多砥石。有兽焉，其状如狸而白首虎爪，名曰梁渠，见则其国有大兵。"

历石山上满是牡荆和枸杞等植被，山的阳面富集着大量黄金，阴面盛产细磨刀石。山中有一种野兽，形状像狸猫，头部呈白色，长着一对老虎爪子，名字叫梁渠。它出现在哪里，哪里就将爆发大规模的战争。

狙如 jū rú

"倚帝之山，其上多玉，其下多金。有兽焉，其状如鼣鼠，白耳白喙，名曰狙如，见则其国有大兵。"

倚帝山的山上有许多玉石，山下有许多金属。山中有一种野兽，它的形状与鼣鼠相似，耳朵和嘴巴都是白色的，这种野兽名叫狙如。它出现在哪里，哪里就将爆发大规模的战争。

山海王国中的神兽们，不仅外表千奇百怪，功能更是五花八门，可谓刮风下雨、逐疫驱害无所不能，这些神兽们彼此相生相克，当哪一个地方闹了旱灾，就请来"见则大水"的神兽来添水，当哪一个地方土壤肥沃，就叫来"见则天下大穰"的神兽来协助耕种，总之，在神兽们彼此之间的作用下，山海王国始终维系在一个恰到好处的平衡里，日复一日，年复一年。

因此，当小藏今天走过历石山和倚帝山之间的小路时，这里不自然的紧张感，着实是足够引人注目的了。要如何形容这种感觉？——风声鹤唳之势，草木皆兵之感，穿行于此的小藏，只感觉有什么凝重的东西压在自己身上，让他即难以迈开腿前进，又难以仰起头瞧瞧这里究竟发生了什么。

霎时，像是回答小藏的疑问似的，只见打左边的历石山上钻出一只白头虎爪的狸猫，打右边的倚帝山上则冒出一只白耳白喙的鼮鼠，熟悉《山海经》的小藏认出，这两只兽分别是梁渠和狙如，虽然外表差距很大，但它们都具有"见则大兵"的预言功能。

小藏偷看向两个神兽，只见梁渠和狙如表情严肃，像是都在等对方先开口，于是就在这时，好巧不巧地，被紧张的风刺激得鼻子发痒的小藏，打了一个好大声的喷嚏。

"啊啾！"

——霎时间，小藏只感觉汗毛直立，他战战兢兢地抬头，只见梁渠和狙如都盯着他看。紧张的气氛在沉默中度过，片刻后，梁渠和狙如竟又都退回山中。

虽然还是很害怕，但是小藏的好奇心还是战胜了恐惧，他启动齿轮眼分别来到梁渠和狙如身边询问原委，只听两只神兽告诉他：梁渠和狙如都是能够引起纷争的神兽，所以一旦它们彼此碰上了面，就会不由自主地想要打一架，哪怕它们之间并没有发生什么不愉快的事情，好在今天它们碰上了小藏，才从那种本能中清醒了过来，不然说不定要惹上什么乱子哩！

它们分别向小藏道谢，于是小藏也向两只神兽提出了一件自己好奇的事：既然梁渠和狙如是代表"出现就会发生大规模战争"的神兽，那是不是说明山海王国里还存在着战争呢？

面对这个问题，梁渠和狙如则回答小藏：山海王国早就不是弱肉强食的蛮荒时代了，生活在这里的人们都懂得"和平至上"的道理，也深谙战争带给人们的只有痛苦这件事，但是这不代表在山海王国里生活的人们彼此之间永远没有矛盾和摩擦，不管是生活里的琐事，还是观点上的不同，人与人之间是非常容易积压矛盾的，而它们这些预言战争的神兽，能感知到这些累积的矛盾，所以人们只要看到它们出现，就会意识到彼此之间可能已经累积了太多问题需要解决，因而打开彼此的心扉，坐下来好好聊一聊。

小藏对梁渠和狙如的话点点头，只感觉曾经代表战争的凶兽，现在则成了促进人与人之间交流的益兽，山海王国真奇妙啊。

延 展

• 有人认为，梁渠其实是古代的狸猫，会有见则大兵的特点，是因为其习惯夜间活动，且擅长逃跑、偷袭，所以被作为"侦察兵"使用。

狉和荣草

狉 lín

"依轱之山，其上多枏、橿，多苴。有兽焉，其状如犬，虎爪有甲，其名曰狉，善駚牞，食者不风。"

依轱山的山上有很多枏树、橿树和苴树。山中有一种野兽，外形像狗，长着老虎一样的爪子，身上生有鳞甲，这种野兽的名字叫狉，擅长跳跃腾扑，吃了它就不会患中风、痛风类的疾病。

荣 róng
草 cǎo

"鼓镫之山，多赤铜。有草焉，名曰荣草，其叶如柳，其本如鸡卵，食之已风。"

鼓镫山的山中有很多铜。山中生有一种草，它的名字叫荣草，它的叶子似柳叶，根茎如鸡蛋一般，吃了它能治疗中风、痛风等病症。

如果问小藏，你最喜欢的事情是什么呢？小藏的回答一定是"旅行"。

如果继续问小藏，你为了能够去"旅行"愿意承担怎样的风险？小藏则一定会一脸茫然地看着你，因为有着齿轮眼的他并不清楚"风险"这个词的具体含义。

所以，今天发生的故事说来有些悲伤，但却让小藏受益匪浅，感触良多。

小藏这次来到了一个叫做依钻山的地方，在来到这里之前，他就有听说这里有一种喜欢上下扑腾跳跃的神兽獜，所以一走到山里，小藏就将耳朵竖得老高，仔细听着山里的风吹草动，你问小藏为什么不直接启动齿轮眼去到獜的身边？答案很简单，如果事事都走捷径，不就失去旅行的意义了？

"啪嗒、啪嗒！"小藏听到山野深处传来规律的脚步声，于是他便寻着这声音的方位朝那儿走，果不其然，随着小藏越来越靠近，那只外形像狗，爪子像老虎，身上生有鳞甲的神兽獜正如传说中那样上下腾跃跳跃不止呢！

"你好，我是正在山海王国旅行的小藏！"

即使见到小藏上前，獜也没有停止自己腾跃的动作，它保持着上下跳跃的动作回答小藏："你好，小藏，我是獜，你找我有什么事吗？"

"倒也没什么事，"小藏的视线跟随着獜一起上下动着，"我就是有些好奇，你为什么要一直这样上下扑腾啊？"

"与其用语言来形容，不如让你来亲自试试，来和我一起，一、二、跳！一、二、跳！"拗不过獜，小藏也学着獜的样子原地扑腾了几下，起初他还觉得这个运动有些意思，但是在反复跳了将近二十次后，小藏便开始感觉有些疲惫了，再看看獜，它还在原地跳个不停！看到小藏的动作渐渐慢了下来，獜也终于停下动作，来到小藏身边："怎么样？有没有感觉到很有意思？"

小藏勉为其难地点点头："獜，你为什么要这么努力地练习扑腾呢？我听说有人为了治疗中风、痛风类的疾病，会捕杀你的同类来做药，你是为了不被那些人抓捕才这么努力练习的吗？如果是的话，我这里有一些同样可以治疗那类疾病的荣草，假如你不巧遇到那些人，你就把荣草丢给他们吧，这样你也不必这么辛苦地练习了。"

獜露出十分困惑的表情，它没有收下荣草："小藏，你有什么特别喜欢做的事吗？"

"我喜欢旅行和冒险！我喜欢探索未知的事物！"小藏不假思索地回答。

于是獜又露出了笑容："那么你出门旅行冒险，探索未知，是有什么目的的吗？"

小藏摇摇头："当然没有，我只是因为喜欢。"

"就是这样，我和你一样，只是因为喜欢才在这里反复练习的！"

小藏虽然明白了，但他还有一个问题："可是，就像我能顺着你练习的声音找到你，你在山中这样练习，一定很显眼吧，你不害怕因此被人抓到吗？"

这次，獜则不好意思地点点头："我当然害怕，可是如果因为恐惧就放弃自己的爱好的话，我也做不到啊。"

小藏对獜这种不计较得失利益也要坚持自己爱好的精神感到敬佩，于是，就算獜拒绝了小藏的好意，他还是把荣草留在了獜

的身边，他希望这既能成为他们之间友情的证明，也能在关键时刻帮助獜躲避人类的追捕。

延　展

　　• 在中医学中，风病泛指由外感风邪引起的各种病症，出自《黄帝内经·素问·三部九候论》："所言不死者，风气之病及经月之病，似七诊之病而非也，故言不死。"

　　• 有人认为，獜就是指古代的穿山甲。

窃脂

窃脂 qiè zhī

"崏山，江水出焉，东流注于大江，其中多怪蛇，多鳖鱼。其木多楢、杻，多梅、梓，其兽多夔牛、羚、臭、犀、兕。有鸟焉，状如鸮而赤身白首，其名曰窃脂，可以御火。"

江水发源于崏山，一路向东流入长江，江水中有许多怪蛇和鳖鱼。崏山中的树多为楢树、杻树、梅树和梓树，崏山中的野兽多为夔牛、羚羊、臭、犀牛和兕。在山中有一种鸟，外形与猫头鹰相似，有着红色的身体和白色的脑袋，这种鸟名叫窃脂，可以防御火灾。

"分享"是每一个善良之人的本能，美味的食物、便利的工具、实用的经验，任何能够让生活更好的东西，人们都是愿意与他人分享的。

因此，小藏一直有一个不解的问题，为什么山海王国里那些厉害的神兽只能福泽一乡之民呢？如果它们能够每日巡回于山海王国每个角落，那这个世界该有多美好啊！今天发生的事，便解答了小藏的这个疑问。

小藏今天来到了崀山附近的一个村落，听闻这是个以饲养一种能够防御火灾的鸟儿窃脂而闻名山海王国的村子，还没靠近村庄，小藏就听到一阵清脆的铜铃声，看来是窃脂正在村中飞来飞去的声音。

"正好！让我看看这窃脂是如何御火的吧！"

小藏说着加快脚步到达了村庄，只见这里有一只外表似猫头鹰、红色身体、白色脑袋的鸟四处飞来飞去，小藏看到它的脚上系着一个小小的铃铛，又看到它的身后有许多村人跟随，便猜测，这一定就是那只窃脂。

只见窃脂在村子里自在地飞来飞去，大多数时候，它脚上系着的铃铛都一声不响，而一旦它在哪里停的时间久了，它便会原地扇动起翅膀，晃动起脚上的铃铛，人们也因此聚集到它身边，检查这里是否有防火隐患，听说在窃脂的帮助下，整个崀山一年四季都不会发生火灾，人民也因此得以安居乐业。

看着崀山人民的生活，小藏不由得有个想法：除了崀山，若是其他地方的人们也能在自己居住的地方饲养一只窃脂，那么这个世界上是不是就再也没有火灾了呢？

小藏将自己的想法分享给村中的人，却得到了否定的回答，他们告诉小藏，窃脂之所以叫窃脂，就是因为它喜欢吃多脂肪的肥肉，崌山因为物产丰富能够定期提供这种肥肉以满足窃脂，然而并非所有地方都和崌山一样，在一些地方，提供肥肉要付出的代价，不亚于一场火灾带来的灾害，所以并不是每一个地方的人都需要窃脂的帮忙。

除了这个原因，人们还告诉小藏，窃脂对山中野火的发生非常敏感，虽然大部分的人类都不能与火共生，但是像南方的厌火部落，那里的人们各个精通吐火的本领，倘若让窃脂到那个地方去，它可会在那里奔劳致死呀！

听了人们的话，小藏也终于明白了，与人分享好东西的想法固然没错，但也要因地制宜，如果强行将别人不需要的东西提供给人家，可就和作恶没什么区别了。

延展

• 根据窃脂的名字，有人猜测，窃脂实际为一种嘴部弯曲、喜爱偷食肥肉的青雀。

犀渠和雕棠

犀渠 xī qú

"鳌山，其阳多玉，其阴多蒐。有兽焉，其状如牛，苍身，其音如婴儿，是食人，其名曰犀渠。"

鳌山的阳面有许多玉石，阴面长有很多茜草，山中有一种野兽，野兽的样子像牛，皮毛为青色，叫声像婴儿的啼哭声，以人为食，极为凶恶，它的名字就是犀渠。

雕棠 diāo táng

"阴山，多砺石、文石。少水出焉，其中多雕棠，其叶如榆叶而方，其实如赤菽，食之已聋。"

阴山，多的是粗磨石、色彩斑斓的漂亮石头。少水从这座山发源。山中有茂密的雕棠树，叶子像榆树叶却呈四方形，结的果实像红豆，服食它能治愈人的耳聋病。

生活中，大部分的凶险之事都不是大张旗鼓地来到我们身边的，它们从不像乌云来了要下雨，太阳落山要黑天般有着一套显而易见的可以遵守的规矩，它们一直都比最微拂的风还要轻巧，比最沉默的落叶还要安静，而小藏，则从来不知道这件事。

在穿越鏊山前，人们听说他要去那里，便送给了他许多雕棠的叶子和果实。人们告诉他吃了雕棠这种植物，可以提高听力，治疗耳聋。小藏没多想，只当是人们送的伴手礼便收下了。

其实在鏊山里旅行，小藏还是很紧张的，因为听说这里有一种以人为食的叫做犀渠的恶兽。不过通过阅读《山海经》，小藏知道，犀渠的叫声像是婴儿的声音，毕竟婴儿的啼哭声可是相当大的，所以小藏认为，自己只要提高警觉，便不会有什么事了。

就这样，小藏在遍地玉石、绿树成荫的鏊山里玩耍到黑夜。才刚入夜，小藏就隐约听到了婴儿的哭声，小藏告诉自己这一定是那凶兽犀渠的陷阱，自己已经位于深山之中，这里怎么可能会有婴儿？为了安抚自己的恐惧，小藏还专门用耳塞堵住耳朵：只要不去听，就不会去想，只要不去想，就不会有意外发生。

果不其然，婴儿的啼哭声渐渐衰弱了，小藏也迷迷糊糊地就要睡着了。而就在他朦朦胧胧间，他又隐约听到了婴儿牙牙学语的声音，那声音似是婴儿的呢喃，若是平时，小藏肯定是不会害怕一个小婴儿的，但是现在可是深夜，那么这声音听起来多少有些骇人了。

于是，小藏小心地从床褥中爬起来，小心地躲到一旁，同时，他的手指紧紧地搭在齿轮眼上，以便如有不测发生，能够及时逃跑。

只听得婴儿的呢喃声越来越近，小藏也渐渐看清了那"婴

儿"的本来面貌：那竟然就是外表像一只青色野牛的凶兽犀渠！他不是声音像婴儿的啼哭声吗？这时，小藏才想起来进入釐山前人们送给自己的雕棠，原来这种用来提升听力的植物并非人们随手送给自己的，而是让自己服食以躲避犀渠用的啊！如果自己能在收到雕棠时问个明白的话，现在的自己就不至于这么狼狈了。

也是通过这件事，小藏才认识到，书中的知识固然可信，可是真要到生活中，还是要相信实践总结出来的经验和道理呀。

延 展

• 在后世，"犀"也指"用犀皮制成的盾牌"，有诗云"犀渠玉剑良家子，白马金羁侠少年。"意思是执掌犀皮之盾和冰玉利剑的士兵都是征来的良家子弟，跨白马执金缰的都是侠义少年。

山膏和帝休

山膏 shān gāo

"苦山，有兽焉，名曰山膏，其状如逐，赤若丹火，善詈。其上有木焉，名曰黄棘，黄华而员叶，其实如兰，服之不字。有草焉，员叶而无茎，赤华而不实，名曰无条，服之不瘿。"

苦山中有一种叫做山膏的野兽，它的样子像猪，红得像火，喜欢骂人。苦山上有一种叫做黄棘的树，开着黄色的花，长着圆形的叶，它的果实与兰树的果实很像，吃了它就不能生育。苦山里有一种草，叶子是圆形的，没有茎，会开红色的花却不结果，这种草叫做无条，吃了它就不会长大瘤子。

帝休 dì xiū

"少室之山，百草木成囷。其上有木焉，其名曰帝休，叶状如杨，其枝五衢，黄华黑实，服者不怒。"

少室山，山中各种草木繁密茂盛，像圆形的谷仓。山上长着一种树，名叫帝休，叶子形状与杨树叶相似，树枝交错伸展，开黄色的花，结黑色的果实，吃了它的果实就不会发怒。

小藏认为，自己是好脾气的，有耐心的，但是在经历了今天这件事后，他不是那么确定了。

一路旅行，小藏来到一处名叫苦山的地方，这山的名字听起来很是令人奇怪，小藏不由得好奇，苦山叫做苦山，难道是因为这座山上的植物吃起来味道都是苦涩的吗？

总而言之，带着这份好奇，小藏进入苦山。

沿着山路没走多远，小藏便看到一只周身通红如火的猪横在路中央，不知道发生什么了，那只猪看起来非常气愤，不想惹事的小藏打算绕过这只猪前进，不料，那猪像是知道小藏怎么想的一样，总是能恰到好处地出现在小藏准备前进的道路上。

一来二去的，小藏也感到了不耐烦，终于，在那只猪又一次阻拦住小藏的路后，小藏气愤地上前打算问个明白，可谁知，还没等小藏开口，那只猪倒是先对小藏斥骂起来。

"嘿！你这家伙！来我这拜访竟都不知带些礼物！你可真没教养！"

"嘿！你这家伙！明明只是个狸猫，还戴着个眼镜！你可真奇怪！"

"嘿！你这没有教养又样貌怪异的家伙！我从没见过你从没听过你，你该不会是什么凶兽吧？快滚出苦山！"

被毫无缘由辱骂一通的小藏感到很是生气，他鼓起脸想要反驳，可是半天却只憋出一句："你凭什么骂我！"

那只猪洋洋得意地看着小藏："哼，谁让我是善于骂人的山膏呢，愚蠢的白毛狐狸。"

听到山膏自报家门，小藏则认出，这正是《山海经》中记载的那只擅长骂人的猪！哎，小藏还记得自己初次阅读到山膏的故

事时，只觉得一只会骂人的猪可真有趣，然而实际见到时却只感觉，一只会骂人的猪可真讨厌！

不过同时，小藏还想起了另一个故事，他询问山膏："你们是不是有一个同类，曾经因为辱骂了路过此地的帝喾，于是就被杀死了？"

山膏听了小藏的话，本就通红的皮肤又红了几分："那……那又怎样！"

"哎，你们这样的坏脾气终究会惹事的！这样，我把吃了就不会生气的帝休树的果实送给你，如此一来，我也算送给你礼物了，你也就不要再在苦山里拦我的路了，怎么样？"

山膏原地想了想，最终同意了小藏的提案，他骂骂咧咧地收下帝休，为小藏让开了路。

"哼，你这白毛狐狸倒还挺机灵的嘛！"

"我才不是白毛狐狸！我的名字是小藏！"

"那你就是愚蠢的小藏！"

就这样，小藏在山膏的斥骂声中狼狈地穿过了苦山，而他之前思考的问题也得到了解答：苦山苦山，原来是让人心情痛苦的山呀！

延 展

· 相传上古时期，帝喾出游，在山林中曾遇上一只山膏，山膏出口即骂，于是被帝喾的狗盘瓠咬死。

闻獜和鬼草

闻 wén
獜 lín

"几山，其木多楮、檀、杻，其草多香。有兽焉，其状如彘，黄身、白头、白尾，名曰闻獜，见则天下大风。"

几山上的树木多是楮树、檀树和杻树，草类主要是各种香草。山中有一种野兽，形状像普通的猪，黄色的身子、白色的脑袋、白色的尾巴，名称是闻獜，一出现天下就会刮起大风。

鬼 guǐ
草 cǎo

"牛首之山。有草焉，名曰鬼草，其叶如葵而赤茎，其秀如禾，服之不忧。"

在牛首山上，有一种叫做鬼草的草，它的叶子像葵，红色的茎干，它的穗像稻谷的穗，吃了使人不忧愁。

或许有的人会认为，既然我们讲的是小藏在山海王国的游记故事，那么小藏理应是整个故事的主角才对，然而事实真的如此吗？

这天，小藏来到了几山。几山上的树多是楢树、檀树和杻树，山上的草则是可以用来制作香料的香草，真是一座物产丰富的山。小藏就这样一边采摘着香草，一边漫步于山野之中，忽然，只听得一声"救命！"小藏还没来得及反应过来，就见一只黄色身体、白头、白尾的猪扑到自己脸上，伴随那猪而来的还有一阵大风，一眨眼的功夫，小藏和那小猪便一起"乘风而起"卷上天空。

在飞上天空的一瞬间，小藏就想用齿轮眼逃走了，可他用余光看到那只小猪正在风中紧闭双眼痛苦地挣扎着，于是小藏决定，要逃跑也得带上这只可怜的小猪一起跑才行。

于是小藏在空中对着小猪大喊："你好呀！听得到我说话吗？我是小藏！"

听到小藏的声音，那只小猪才敢睁开眼，看见小藏他就像看见亲人一样，同样冲着小藏大喊："我是闻獜！救救我！"

听到闻獜名字，小藏想起来，闻獜是《山海经》中记载的一种"见则天下大风"的神兽。据说，不管什么地方，只要闻獜现身，那个地方就会刮起可怕的大风。然而看着眼前闻獜求助的模样，小藏不免有些好奇：难道闻獜其实并不能控制由它所引起的大风？

经过一番在风中的呼喊，小藏的猜想得到了确认，闻獜确实不能控制大风，相反，一直以来都是风追着它跑。这件事让它困扰不已，而它越忧虑，那风就越大。说到这里，小藏忽然有了一个好主意，他先是转动齿轮眼抓住闻獜，接着将自己从牛首山采来的鬼草塞入闻獜口中。奇妙的是，风渐渐变弱，小藏与闻獜便得以安然无恙地降落。

降落之后，小藏告诉闻獜，自己猜测，追逐着闻獜的大风和闻獜自己的情绪有关：闻獜越是紧张，风也就越大，相反，只要闻獜放松下来，风也就变小了。而让闻獜放松的方法，就是这个"服之不忧"的鬼草。

闻獜接过鬼草，向小藏好一番道谢后，蹬了蹬腿，果然如小藏所说，当它心情不紧张时，它不仅不会被风卷走，相反它还能操纵风哩！

就这样，闻獜乘着风与小藏道别。而直到道别后，小藏才注意到，自己早已不在原来的地方，这哪里还是原来的几山，这分明是大荒啊！

在小藏的旅行计划里，自己可没打算这么快就来大荒，可这个时候好像也不能再把闻獜叫回来了。小藏看着闻獜消失的方向摇头叹气，他总觉得，他自己的旅行就该自己说了算，可谁知一只偶然见到的闻獜就改变了自己的行程，这也给了他一种感觉：或许我也只是闻獜的旅行中的一个过客？

这种想法可真奇妙呀。

延 展

• 有人认为，从外表上看，闻獜是古代非洲的红河野猪。

烛龙和甘木

烛 zhú
龙 lóng

"西北海之外，赤水之北，有章尾山。有神，人面蛇身而赤，直目正乘，其瞑乃晦，其视乃明，不食不寝不息，风雨是谒。是烛九阴，是谓烛龙。"

在西北海的外面，赤水的北面，有一座章尾山。山上有尊神，有着人一样的面孔，蛇一般的身子，全身赤红长达数千里，眼睛直着长，这个神闭上眼，天下便黑夜；睁开眼，天下便一片光明。他从不吃东西、从不睡觉、从不呼吸，能呼风唤雨，能照亮幽渺之地，这个神便叫做烛龙。

甘 gān
木 mù

"有不死之国，阿姓，甘木是食。"

有一个姓阿的不死国，里面人都以甘木为食。

在小藏的想象里，山海王国里最壮丽的神兽应该是什么样子的呢？他想象过比一辆车还要大的马，也想象过有一座山那么大的鱼。但是像今天遇到的神兽，他不仅从来没见过，也从来不曾想象过，有一种生物居然能够如此宏伟壮丽。

大荒里的风景与小藏去过的其他地方都不一样。这里一会儿恍如白昼，一会儿又漆黑如夜。抬起头，便能看到一条不见头尾的赤色霞光。看着眼前如梦似幻的场景，小藏颇为感慨。

他憋了一肚子的话想要赋诗一首，然而还没等他想出半个词汇，那霞光便突然如游龙般在天边摆动起来，这使得眼前的景象更壮美了。

小藏看着这美景出神，丝毫没有注意到那赤红色的霞光好像离自己越来越近了。他原地感慨着，欢呼着，直到那"霞光"的身体九曲回肠地在天际调了个头，而那霞光的头直勾勾地冲着自己来时，小藏才发现好像有哪里不对劲。

只见离自己越来越近的，竟是一张巨大的人脸，那人脸后面还拖着一条不见尽头的蛇身。这时小藏才注意到，原来刚刚自己赞美的红霞正是这人脸蛇身之兽。同时小藏还发现，只要那张人脸睁着眼，大荒里就会是白天，当它闭上眼，大荒就会变成黑夜。

小藏害怕极了，自己这是遇到了一个多么厉害的存在呀！

见到小藏惊慌失措的样子，那张巨脸也跟着紧张起来："小家伙，你怕什么？不是你把我叫来的吗？"

"我……我没有叫过你呀！"小藏哆哆嗦嗦地回答。他实在是太害怕了，连话都说不清楚了。

"你不是叫我，为什么要在原地感慨欢呼呢？"

小藏这才意识到，原来刚刚自己对着这红霞感慨欢呼的行为，被这张巨脸误解成"召唤"他的仪式了。于是小藏不好意思地向对方解释清了原因，并交代了自己的来历。

那张巨脸听后，也没有怪罪小藏，相反它显得非常兴奋，它告诉小藏自己是烛龙，是这大荒里的一个神灵。他代表大荒向稀世的客人小藏表示了欢迎，又赠予小藏产自不死国的甘木作为礼品。接着他向小藏献上真挚的祝福后，就离开了。

虽然从结果来说，小藏确实是遇见了一件好事，可是，经过这次的事，也让小藏明白了"三思而后行"的道理。话虽如此，当小藏仰望天空看到那游动的红霞时，自己可丝毫没有后悔自己对烛龙感慨欢呼的行为。

延展

• 有人认为，烛龙实际上是古人看到的北极光。

琴虫和跊踢

琴虫 qín chóng

"大荒之中，有山名曰不咸。有肃慎氏之国……有虫，兽首蛇身，名曰琴虫。"

在最荒远的地方，有一座叫做不咸的山，还有一个叫做肃慎氏的国家……山中有一种虫，有着野兽一样的脑袋，蛇一样的身体，这种虫叫做琴虫。

跊踢 chù tī

"南海之外，赤水之西，流沙之东，有兽，左右有首，名曰跊踢。"

在南海的海外，赤水的西面，流沙的东面，有一种野兽，左右各有一个脑袋，名叫跊踢。

　　小藏时常会想，单从外表来看，自己会不会太单调了。

　　他之所以有这样的想法，是因为在山海王国旅行的日子里，他见过了太多太多外形奇异的生物，要是自己的外表也能更惹眼一点就好了。他胡乱捏着自己的耳朵、脸颊，似是要把自己的脸捏变形一样。

　　就这样，一路胡思乱想的小藏来到了不咸山。说来奇怪，一来到不咸山小藏就听得山中传来一阵阵悠扬的琴声。顺着琴声，小藏竟见到一只有着虎豹脑袋却长着蛇的身体的神兽！

　　见这神兽长得十分可怖，小藏心想那美丽动听的乐曲绝不是这只神兽演奏的，但又见这神兽看起来怡然自得，所以小藏猜测，这神兽应该不是以人肉为食的凶兽，于是鼓起勇气上前打听。

　　"你好，我是正在山海王国旅行的小藏，请问你是谁？"

　　"我是琴虫。"

　　"琴虫？"小藏瞪圆了眼睛上下打量起对方，"可你……既不像琴，也不像虫呀？"

　　小藏的话似乎惹怒了琴虫，它原地直立起长长的蛇身，张开身体，十分具有威慑力，而且看起来也确实像一把优雅的乐器了，同时琴虫还晃动起身体，奇妙的音乐就这样从它身上响起。看着琴虫演奏音乐的模样，小藏慌忙向琴虫道歉，说自己不该以貌取人，可同时他心里也很是羡慕，要是自己也能有像琴虫一样神奇的外表就好了。

　　就在这时，一只有着两个脑袋的神兽不知从哪里窜了出来。它看了看小藏，又看了看张开身体的琴虫，一个脑袋立刻发出嗤笑："看来又有人惹琴虫不开心啦！"同时另一个脑袋慌忙接话：

"对不起，请原谅它的无礼，我们无意冒犯你们。"

"啊！又来了！道歉怪！和你共用一个身体可真让我羞耻！"

"和你这个无礼的家伙共用一个身体才让我羞愧哩！"

小藏被这"两个头"争吵的场面迷住了。这时琴虫倒是碰了碰小藏，让他回过神来。同时，琴虫还告诉他："可别被这个趽踢骗了，它最喜欢一人分饰两角来欺骗陌生人了！"

小藏若有所思地点点头让琴虫放心，然后对琴虫说："就算它在骗我，它也好有趣哦，我也想像它一样有另一个头陪我吵架，或者像你一样，张开身子就能成为乐器演奏！不像现在，我实在是太普通了。"

看着小藏失落的样子，琴虫却露出不解的表情："我们有什么好羡慕的，你自己本就是独一无二的了，可不需要羡慕别人啊！"

延展

• 关于琴虫名称的由来：据说琴虫的叫声仿佛悠扬的琴声，故此叫做琴虫。

夔

夔 kuí

"东海中有流波山，入海七千里。其上有兽，状如牛，苍身而无角，一足，出入水则必风雨，其光如日月，其声如雷，其名曰夔。黄帝得之，以其皮为鼓，橛以雷兽之骨，声闻五百里，以威天下。"

在东海中有一座山叫做流波山，这座山距离海边有七千里之远。在这座山上有一种野兽，它的外形像牛，全身青色没有长角，只有一条腿，当这种野兽进入水中，则一定会带来狂风暴雨，这种野兽身上闪耀着仿佛日光和月光一样的光芒，它的吼声如雷声般震耳欲聋，这种野兽叫做夔。相传黄帝捕获了一只夔，用它的皮制成鼓，取用雷兽的骨敲击这面鼓，鼓声响彻五百里，威慑天下。

大荒之中终年气候异常，除了昼夜随着烛龙的眨眼而变化外，小藏还注意到，在大荒的天边总是有一处黑压压的云，时不时的，云里还会闪出几道骇人的闪电。小藏一直认为，那片云和闪电都是大荒里的一处风景，自己大可以不靠近那里，只在远处观察下里面的模样。然而事与愿违，小藏今天就要为他的无知付出代价了。

同往常一样，小藏漫游于大荒之中，远处的雷声，忽明忽暗的昼夜，小藏早已习惯大荒的气候，他甚至已经能熟练地伴随雷声的节奏和交替变换的昼夜唱起歌来。

就在小藏愉快地漫步时，忽然一道惊雷打在小藏身后，他吓得慌忙抬头查看那黑云的位置，却见那黑云分明距离自己还有五百里的距离，虽说比之前查看时似是近了不少，可每当那云层间划过闪电时，小藏听到的雷声分明就像是在自己耳边响起的！

这时，小藏才发现，那黑压压的雷云，正在以极快的速度朝自己所在的方向逼近！

虽然小藏知道，继续站在原地，会有被暴风雨吞噬的危险，可不知为何，小藏此刻竟一点逃跑的想法都没有。他就这样傻呆呆地站在原地，任凭暴风雨追上自己。同时，一只青色无角，身下只有一足的牛如同雷电般从小藏身边呼啸而过。虽然速度极快，但小藏还是看到，当那只牛嘶吼时，它浑身都发出刺眼如日月的光芒。也是到这里，小藏才认出，那只牛就是《山海经》中记载的雷兽夔。

就这样，小藏在山海王国中体验了第一场暴风雨。虽然浑身因此被淋个湿透，可小藏一点都不后悔，毕竟与传说中的夔近距离接触的机会可不常有。不过经过此次事件，小藏还是受到了些教训：首先，不是所有的事情都会如同自己想象中那样发展，因此，不管要做什么事，都要有一个未雨绸缪的准备，例如这次，倘若自己在第一天见到大荒远处的雷雨时就能做好准备，为自己制作一套避雨的装备，或者提前为自己找到一处可以避雨的地方，现在就不会这么狼狈了；其次，不是所有事物的真相都会符合自己的猜测，要永远保持怀疑的态度，才能接近真理，就像现在，在亲眼见到夔之前，小藏可一直觉得那一片雷和云只是单纯的自然现象呢，如果早知道那是神兽夔引起的，自己也一定会做好更充分的准备的。

不过最重要的，小藏甩甩身上的水，他还在因为亲眼见到夔而兴奋不已，所以最重要的，就是永远不要为自己的选择和经历后悔，因为每一次的经历都是独一无二珍贵的回忆。

延 展

• 据说世界上本有三只夔，一只在黄帝与蚩尤的大战中被黄帝杀死，以其皮制鼓，鼓声可响彻五百里，威震天下，另一只被秦始皇捕捉，秦始皇效仿黄帝做鼓，但不知为何效果并不理想，还剩下的最后一只则从此不知所终。

玉兔和若木

玉兔 yù tù

《天问》："有女子方浴月，帝俊妻常羲生月十二，此始浴之。"

玉兔可不是一只普通的兔子，除了有时尊居月精之位，还因为它在进入月宫之前是西王母的侍从，任捣药侍者之职，而执掌治病、长寿的神灵是受到人们特别的尊奉的，捣药的玉兔虽不是主神，但也有点药神的味道。到月宫之后，它仍然是捣药的姿态，却也成了嫦娥的宠物。

屈原《天问》："夜光何德，死而又育？厥利维何，而顾菟在腹。"

月亮有着怎样的德行，竟然能够死后又重生？这样对月亮又有什么好处，难道是因为有玉兔住在月亮的腹中？

若木 ruò mù

"大荒之中，有衡石山、九阴山、洞野之山，上有赤树，青叶赤华，名曰若木。"

大荒中有衡石山、九阴山、洞野山，山上有红色的树，长着青叶红花，名字叫若木。

助人为乐，与人为善，一些举手之劳的小事，有时便是一段佳话的开始。

话说那雷兽夔终于走远，被雷雨淋透的小藏狼狈地站在原地，他甩了甩浑身湿漉漉的毛。虽然他很想立刻用齿轮眼去往一处温暖又干燥的地方让自己暖和起来，也让自己的毛发好好烘干一番，但他还是谨遵旅行的原则，一步一个脚印，继续前进。

小藏越走越冷，越走越累，他的步子越来越慢，眼前的风景也越来越模糊。小藏可从来没有生过病，他哪里知道自己现在正因为一场雷雨感冒了呢？在他失去意识前，看到的最后景象，则是一只背着竹筐的白兔出现在自己面前。

等到小藏醒过来时，发现自己正躺在一团被褥里，一个竹筐被放在一旁，小藏看到里面好像是各种各样的药草。而那只自己昏迷前见到的白兔则正坐在竹筐旁，它熟练地从里面取出药草扔到一个由玉石制成的臼中，再用同样材质的杵，研磨起来。

那白兔看到小藏睡醒，什么话也没说，先是给小藏递了一碗药汤。看它不由分说的样子，小藏也没敢想什么，立刻接过药汤喝下，与想象中的苦涩味不同，小藏只感觉这药汤甜而清香，喝下去后身体暖烘烘的。

于是小藏发现，自己刚刚湿漉漉的身体已经被擦干了，浑身上下那种沉甸甸的感觉也消失了。看着眼前的一切，小藏意识到：原来是这只小兔子帮助了自己呀！

为了表示感谢，小藏询问白兔，自己能为它做什么。

这时，白兔才告诉小藏，自己是侍奉在常羲身边的神兽玉兔，现在正在受常羲委托，要前往遥远的日落之处，寻找一种名为若木的树。在途中偶遇病倒的小藏，于是便为其进行了治疗。

治病救人，本就是他玉兔该做的事，所以并不需要小藏的回报。

听到玉兔这么说，小藏也不好再坚持。他拉上玉兔说："既然如此，我们就交朋友吧！朋友帮助朋友，可是理所应当的！"

于是他启动齿轮眼，带着玉兔顺利来到日落之地，找到了若木。

就这样小藏和玉兔渐渐熟络了起来，玉兔非常感动，因为自己常年侍奉在常羲身边，不是在捣药就是要去些偏僻无人的地方采药，一直以来都没有什么朋友，今天却找到了小藏这样的好朋友，可真是开心。

小藏则笑着回答玉兔："这都是因为你在我遇难时先帮助了我呀！"

就这样，在玉兔的邀请下，小藏向传说中"皇城部落"的神仙们居住的地方，出发！

延展

• 玉兔作为居住在月亮上的兔子出现在多个国家、民族的神话体系中，目前多认为是古人对月球表面的空想性错视而产生的。

皇城人物

帝俊 dì jùn

华夏神话中的上古天帝

帝俊

"有司幽之国。帝俊生晏龙，晏龙生司幽。"

有一个叫做司幽的国家。帝俊生了晏龙，晏龙生了司幽。

義和浴日

人间光明 姐来定义

羲和 xī hé

"东南海之外，甘水之间，有羲和之国。有女子名曰羲和，方日浴于甘渊，羲和者，帝俊之妻，生十日。"

在东海之外，甘水与东海之间，有一个叫做羲和的国家。有一个叫做羲和的女子，正在甘渊中给太阳洗澡。羲和，就是帝俊的妻子，她生了十个太阳。
于是羲和以日母的形象出现于人们的面前，她是人类光明的缔造者，是太阳崇拜中至高无上的神。

常羲

cháng

xī

"有女子方浴月。帝俊妻常羲，生月十有二，此始浴之。"

有一个女子正在给月亮洗澡沐浴。她是帝俊的妻子常羲，她生了十二个月亮，这时她正开始为月亮洗澡。

女娲

nǚ

wā

郭璞在《山海经》注解中说："女娲，古神女而帝者，人面蛇身，一日中七十变。"

女娲，是古代主宰天地的女神，有着人的脸孔和蛇的身体，一天之内，千变万化。

西王母

XĪ

wáng

mǔ

"西王母其状如人，豹尾虎齿而善啸，蓬发戴胜，是司天之厉及五残。"

西王母外表像人，长着豹子的尾巴，老虎的牙齿，喜欢长啸，她蓬散着头发，脑袋上戴着首饰，掌管着天上的灾疫和五刑残杀。

即使是见多识广的小藏，面对此情此景也会感到紧张，毕竟这是他第一次离开人间来到众神所在之地。

玉兔告诉小藏它要先去把采摘来的药草整理一下便消失了，留下小藏一个人站在金碧辉煌的建筑里。随着玉兔离开的时间越长，小藏越感到诚惶诚恐，处在这样的情绪下，小藏甚至都没注意到自己身边不知何时多出了一个人。

小藏偷偷打量那个人，只见他是个相貌英俊、身披五彩的男性青年，几只鸟儿萦绕在他身旁，小声啼叫着，似是在与他说什么悄悄话。小藏盯着这个男人一时看得有些出神，所以当男人将视线移向小藏时，小藏吓得差点直接叫出了声。

男人也被吓了一跳，原来他也没有注意到自己刚刚一直站在小藏身边。

就这样，男人告诉小藏自己是帝俊，是这皇城部落的神仙。

小藏回忆了一番，感到好奇：帝俊的大名在《山海经》里倒是能经常能见到，不过为什么那些记载讲的都是他的后代，却几乎没有关于帝俊本人的记载呢？

帝俊露出苦笑："大概是因为我平日只喜欢与鸟儿嬉戏，而很少去做些神明或者英雄该做的事吧。"

"所以，你作为神仙，却一直在偷懒吗？"

"你可以这么说，不过在这里我还是要为自己辩解一下的，我之所以总是无所事事，是因为皇城部落的其他神仙都太厉害了。"

于是，为了印证帝俊的解释，他带着小藏去拜访了两位女神：女娲与西王母。

来到大堂，只见女娲和西王母似乎正在争论着什么，帝俊拉着小藏偷偷靠近，只听得女娲对西王母说：

"人类是多么可爱的生物，我们应当爱他们才是。"

"但你不该溺爱人类，要在他们犯错误时施以惩罚，让他们认识自己的错误才行！"西王母反驳。

小藏在旁边听着两位女神的讨论，就在这时，他看到玉兔正带着另外两位女神朝他们的方向走过来，看着两位女神的装束，小藏认出那正是传说中的日神羲和与月神常羲。西王母和女娲也看到了她们，于是西王母和女娲也发现了从开始就一直躲在角落里偷听的帝俊和小藏，不过她们并没有责怪小藏，因为她们一致认为是帝俊起的坏头，而且小藏可是一只胐胐，他是绝对不会有偷听这种坏习惯的。

还没等小藏搞清楚为什么自己是一只胐胐，羲和与常羲便来和小藏打招呼了。

"你好小藏，我是掌管太阳运行的羲和，这是我的姐妹，掌管月亮运行的常羲。"

"真抱歉，小藏，我们刚刚都在给太阳和月亮沐浴，所以让你久等了。"

小藏忙对羲和与常羲摇头摆手："哪里哪里，不过你们为什么要给太阳和月亮沐浴呢？"

羲和与常羲笑着回答小藏："因为太阳和月亮每日都要去人间，为世界带去光明，当它们返回时，人间的灰尘则会影响它们的亮度，所以我们要每日为太阳和月亮沐浴。"

就这样小藏又在皇城部落停留数日后，终于明白了自己的身世：原来自己竟是《山海经》中的胐胐投射到宇宙里的分身！

就这样在众神的祝福中，小藏道别众神，踏上前往林氏部落的旅程。

• 有人认为，帝俊与后世记载的帝舜、帝喾为同一人。

• 女娲是中华民族的共同人文始祖，是中华民族的母亲。女娲神话中，从最初的女娲化神然后到女娲化万物到女娲造人、补天，这一系列的功绩都是在天地对立的状态中展开。

• 《山海经》中描述的西王母是一位半人半兽的上古时期主管瘟疫刑杀之大神，后经过道家的演绎，成了执掌长生的吉神，以王母娘娘的形象为世人所熟知。

林氏部落

　　林氏部落位于山海王国正东，包括《山海经》之《海内经》所记载的地理范围。这里山崖耸立、绿树成荫。林氏部落属"木"，代表五行之"木"的驺吾是这里的守护神。

　　林氏部落囊括大大小小上百个城邦，由于密林和高山，这些城邦彼此距离遥远，但在守护神兽驺吾的庇佑下，林氏部落的居民个个健步如飞，日行千里，因此，这些城邦彼此往来密切。

三青鸟

sān

qīng

niǎo

"有三青鸟，赤首黑目，一名曰大鵹，一名少鵹，一名曰青鸟。"

有三只青鸟，它们都有红色的头、黑色的眼，一只叫大鵹，一只叫少鵹，还有一只叫青鸟。

　　小藏有考虑过这件事：在旅行中，为自己增加一个或者几个一起游玩的伙伴。但小藏一直没有真的将这件事付诸行动。所以，今天的小藏打算为了这件事努力一下。

　　现在，小藏正在三青鸟的陪伴下离开皇城，踏上前往林氏部落的路。

　　为什么要有三青鸟做陪伴呢？其一，是因为林氏部落地形特殊，它的周边又被一道绵延不绝、高不见顶的山脉包围，如若不知道其中的小路，外人难以进入，所以由西王母的侍从、整日奔波在山海王国各处、十分熟悉各种路线的三青鸟担任向导再合适不过；其二，则是因为三青鸟本身的工作便是帮助西王母前往山海王国各处寻找珍稀美食，此次出行也刚好与它们接下来的工作同路，就顺便一起上路了。

　　小藏和三青鸟并肩而行，时不时地交谈几句，但是小藏却一直没能问出那句："你们要不要考虑和我一起旅行一段时间呢？"

　　而之所以会这样，原因也很简单，那就是这一路上，三青鸟一直在向小藏抱怨它们在西王母身边工作有多辛苦。

　　跟在西王母身边，单是日常工作就十分繁重了，然而最令它们不满的还是：

　　"小藏你能想象吗？我们哥仨陪侍在西王母大人身边已经不知道多少年岁了，可到现在，西王母大人都分不清我们仨谁是谁！"

　　"何止分不清谁是谁，西王母大人到现在都认为我们仨是一只叫做'三青鸟'的鸟呢！"

　　"我怀疑啊，西王母大人甚至以为我们和羲和大人家的三足金乌是同一只鸟呢！"

　　三青鸟喋喋不休地发着牢骚，小藏越听越累，越听越烦，最

后他忍不住责备起三青鸟来。

"如果你们对西王母大人有这么多不满的话，就应该当面告诉她呀！为什么要一直在背后说别人的坏话呢！"

听到小藏的话，三青鸟先是愣了一下，随即三只青鸟一起大笑起来。

"你，你们笑什么？"

个头最大的那只青鸟拍拍小藏的背："哈哈哈，小藏你误解了，我们可从来都没有对西王母大人有什么不满。"

"那你们这是？"

"我们只是在互相发泄负面情绪呢！你想啊，我们不像你，有一个想去哪就能去哪的齿轮眼。山海王国幅员辽阔，我们能凭着一对短翅，一双矮脚穿越山海，这辛苦程度可超出你的想像！所以在这个过程中难免会彼此累积许多负面情绪，如果不及时把这份情绪排解出去，对工作和生活都会造成极大的影响。"

就在这时，小藏和三青鸟都发现，他们已经来到了上不见天下不见地的高山之上——这里就是林氏部落了。

"既然已经到达目的地了，我们就先和你道别啦！"

说着，三青鸟便依次飞走了，而小藏还在合计着"抱怨"的合理性，早就将要拉三青鸟做自己旅行中的同伴这件事忘在脑后了。

延 展

• 在汉《括地图》中记载："昆仑之弱水，非乘龙不得至。有三足神鸟，为西王母取食。"因此关于三青鸟与三足金乌的关系至今惹人争论。

驺 吾

驺吾

zōu

wú

"林氏国，有珍兽，大若虎，五采毕具，尾长于身，名曰驺吾，乘之日行千里。"

在林氏国，有一种珍奇异兽，它有老虎那么大，身上有五种颜色的斑纹，尾巴比身子还要长，这种异兽叫做驺吾，骑上它就可以日行千里。

　　说到林氏部落的特点能想到什么呢？重峦叠嶂的山脉？高不可攀的峭壁？万里不见人烟的旷野？这些形容词小藏从来只在书里见过，那些壮丽而伟岸的风景，小藏总觉得，如果自己有机会亲眼见识见识的话，一定会有一番难以形容的感慨，然而，当小藏真的置身于这番景色中时，他便只剩下一种想法——

　　这里实在是太高了！

　　小藏小心翼翼地紧贴在悬崖峭壁缓慢移步，心里直犯嘀咕："林氏部落如此地势险峻，到处都只有悬崖峭壁，出行如此不便，难道林氏部落的居民们彼此之间从来都不走动来往吗？"

　　大概是思考过于认真，小藏忽然脚下一滑，一个没站稳，没抓牢，从悬崖上向下跌落。

　　小藏惊慌失措地叫出声来，他本能地想要伸手拽住些什么，甚至忘记了此时他只需轻轻转动齿轮眼就可以脱险。然而他没有抓住任何东西，却被一个轻柔的力量稳稳地接住了。小藏缓缓睁开眼，发现自己正趴在一只全身五彩、尾比身长的老虎身上——这难道是《山海经》中记载的能够日行千里的神兽驺吾？

　　"谢谢你救了我！我是正在山海王国旅行的小藏！"

　　"你好，小藏，我是驺吾，是这里守护神兽，欢迎你来到林氏部落。"

　　就这样，驺吾载着小藏，如同腾云驾雾一般跳过林氏部落一座又一座山顶，看着那些消失在视野里的山峰与树木，小藏慌张地想：驺吾能够日行千里，它若是一日就带我游完了山海王国可怎么成？

　　小藏想让驺吾停下来，可碍于驺吾是自己的救命恩人，所以他实在不好意思开口。

然而驺吾像是能够听到小藏的心声一样，竟放慢了速度，缓缓停在一处空地上。

"如你所见，小藏，林氏部落高山林立，与世隔绝，凡人之躯在这里难以行进，所以我作为这里的守护神兽，将我的能力分享给这里的居民，所以人人都得以健步如飞、日行千里，即使是纵跃山巅，也能如履平地。"

"原来如此，那……我也能获得这个能力吗？"

"当然，你是山海王国尊贵的客人，已经获得我的能力了。"

听了驺吾的话，小藏原地蹦跶了几下，确实有一种身轻如燕的感觉。看着兴奋不已的小藏，驺吾则提出了一个它的疑惑："小藏，我听说你有一个可以前往任何地方的齿轮眼，如果妥善使用，它一定也会带给你日行千里的能力，所以你为什么不使用齿轮眼直接前往你要去的地方呢？"

"因为我是正在山海王国旅行的小藏啊，旅行中最美好的部分就是过程了，所以如果我总是使用齿轮眼直接前往目的地的话，不知道会错过多少美丽的风景和有趣的人！如果我使用了齿轮眼直接进入林氏部落的话，可能就永远没机会认识驺吾你了呢！"

延 展

• 普遍认为，雪豹是现存物种中最符合关于驺吾描述的动物。

• 自古以来，驺吾便被作为瑞兽记载。相传商朝时期，纣王囚禁了周文王，后来周国有人将驺吾献给纣王，讨得纣王欢心，遂释放了周文王。

穷 奇

穷奇 qióng qí

"穷奇状如虎，有翼，食人从首始，所食
被发，在蜪犬北。一曰从足。"

穷奇的外表好像老虎，有翅膀，吃人从头
开始吃，它正在吃的这个人披散着头发。
穷奇居住在蜪犬所在的北边。也有人说穷
奇吃人从人的脚开始。

在山海王国中，判断一只神兽是益兽还是凶兽的最基本标准，便是看它是否食人，是否具有捕食人类的能力，或许会有人反驳：一只神兽，它就算不吃人，而以兔子、野鹿、山羊为食，不也是对这些动物造成伤害，构成威胁吗？在这里可以解释一下，山海王国是一个以人为主的地方，所以是人类将那些能够捕食自己的神兽定义为凶兽，如果让兔子或者野鹿这些食草类动物来开口陈述凶兽的定义的话，那人类也一定会被归纳到凶兽之中。

所以，以此为前提，在小藏心里，山海王国有许多神兽被定义为凶兽，仅仅是因为它们能够捕食人类罢了，这些凶兽本身对人类是并不存在恶意的。但是，今天的故事，则让小藏不得不重新审视下"凶兽"的定义了。

离开林氏部落，受到驺吾庇护的小藏身轻如燕，一蹦足有三尺高有余，颇有一种上天入海无所不能的气势。就这样，小藏一路向着"昆仑山"所在的方向走去，奇怪的事发生了，小藏看到刚道别不久的驺吾，又好端端地出现在自己前方的不远处。

小藏只当是巧合或缘分，想都没想就上前与驺吾打招呼。

"驺吾？好巧啊！又见面啦！"

听到小藏的声音，"驺吾"缓缓转过头，只见这"驺吾"面目凶狠如虎，一双翅膀掩在两侧，满脸血红，像是刚刚吃了一顿血腥的晚餐——这哪里是驺吾，这分明是山海王国里有名的凶兽穷奇！

小藏吓得愣在原地一动也不敢动，而看到小藏的穷奇，却是露出一副不屑一顾的表情："哼，本来想看看是哪个不长眼的把我认错成讨厌的驺吾，没想到竟是你这么个小东西，个头小得都不够我塞牙缝的。"

　　虽然穷奇嚣张的态度让小藏很不满，但碍于自己实在没有能力与穷奇抗衡，所以小藏只得由着它去说："对不起，对不起，竟把您认成了乐于助人、神通广大的驺吾，是我有眼不识泰山，惹您不高兴了！"

　　小藏的话惹得穷奇更为不快，它要小藏仔细说说驺吾究竟哪里神通广大，于是小藏便把驺吾帮助自己的事情讲给穷奇听。穷奇听完表情更加难看，他二话没说直接叼起小藏甩到自己背上，扇动双翼腾空而起，遨游于天空，要小藏比较一下，究竟是驺吾飞得更高还是穷奇飞得更快。

　　就这样，小藏在穷奇的"帮助"下来到了下一座山，他正打算就穷奇的飞行体验点评一般，却见穷奇忽然对小藏张开血盆大口。原来飞了这么久，穷奇已然感到有些饥肠辘辘，就算小藏个头再小，此刻也足够他缓解下饥饿。

　　情急之下，小藏慌忙启动齿轮眼逃离了现场。虽然成功从穷奇嘴下逃生，但小藏还是感到有些后怕，他原以为带着自己遨游天际的穷奇已经和自己成为朋友了，谁知对方还是要来吃掉自己，看来漫游山海王国一定要小心谨慎才行呀！

延 展

　　• 在《神异经》中记载，穷奇经常飞到两人争斗的地方，将有理一方的鼻子咬下来，而如果有人做了坏事，穷奇便会捕捉野兽送给他，以鼓励其做更多坏事；

　　• 在《史记·五帝本纪》中记载，穷奇因其道德品行恶劣，毁信恶忠，最后被舜流放驱逐。

大蜂和朱蛾

大蜂 dà fēng

"大蜂，其状如螽。"

大蜂，一种样子像蝈蝈的蜂。

朱蛾 zhū é

"朱蛾，其状如蛾。"

朱蛾，一种样子像蛾子的大蚂蚁。

"名字"是一个复杂的东西，对于一些人来说，名字只是一个他人用来称呼自己的代号；对于一些人来说，名字附有意义、不可取代。有些人相信，当人们以"名字"呼唤另一人时，"名字"本身就会被赋予力量；当然也有些人认为，"名字"可以随时丢弃、替换，是个不值当的东西。

今天的故事，便以"名字"的定义展开。

话说这天的小藏，被卷入两只昆虫型神兽的争论中，仔细听完它们的观点和论据，小藏终于搞清楚了它们在为什么争吵了。

正方：大蜂。论点：名字要以自己的种族属性来决定。

反方：朱蛾。论点：名字要以自己的外表参考来决定。

大蜂对小藏说："你看那个朱蛾，它虽然叫着自己是朱蛾，实际上只是外表看起来像蛾子而已，真论起血统种族，它其实只是一只红色的大蚂蚁罢了！"

朱蛾则反驳道："可我的这个名字，非常简单好记，你瞧瞧你，叫着大蜂的名字，可你连翅膀都没有，分明就是个蝈蝈，还'种族属性'，谁知道是真是假。"

经过一番又一番的争吵，到最后，朱蛾与大蜂将目光转向小藏，要小藏为它们评个道理出来。于是小藏稍作思考，仔细比较，最后对二兽提议道：

"不如你们都重新起一个新的名字如何？"

"要以外表为标准？"朱蛾问。

"还是以种族为标准？"大蜂问。

"都不是！"小藏指了指自己，看起来颇为自信，"既不以外表为标准，也不以种族为标准，而是以自己喜欢为标准，就像小藏叫做小藏一样，你们只需按自己的想法为自己命名就好了！"

"那样的话，我还是想叫朱蛾。"

"我也一样，还是想叫大蜂。"

就这样，朱蛾与大蜂的争吵结束了，虽然从结果来看，两者什么都没有改变，但它们彼此都学会尊重自己，尊重他人的道理，而且最关键的是，它们都明白了，"名字"的意义不在于名字，而在于使用这个"名字"的人本身。

小藏为它们的握手言和所感动，感动之际，大蜂和朱蛾忽然又对小藏发问：

"小藏为什么要叫小藏呢？是因为你长得像一种叫做小藏的生物吗？"

"小藏又是哪一种类型的生物呀？"

于是我们的小藏叹了口气，无奈地回答："小藏是来自YJGC 星球的独一无二的小藏哦！"

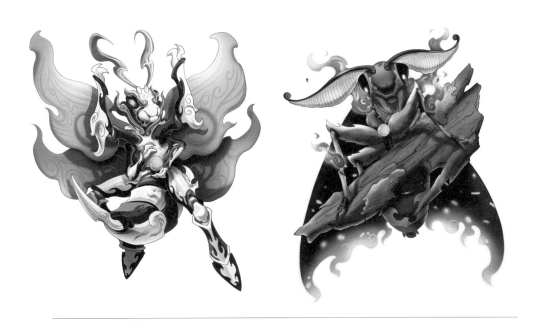

冉遗鱼

冉遗鱼

rǎn

yí

yú

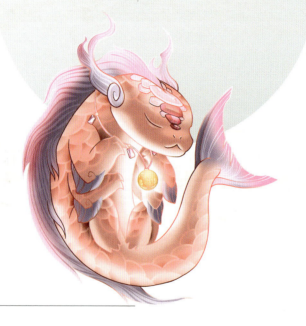

"英鞮之山，上多漆木，下多金、玉，鸟兽尽白。浼水出焉，而北流注于陵羊之泽。是多冉遗之鱼，鱼身、蛇首、六足，其目如马耳，食之使人不眯，可以御凶。"

在英鞮山上生长着许多漆树，山下有许多金属和玉，山中的禽鸟野兽都是白色的。浼水发源于这里，向北流注于陵羊泽。水中多是冉遗鱼，这种动物长着鱼的身子、蛇的脑袋、六只脚，它的眼睛像马的耳朵，吃了它可以使人不被噩梦魇住，还可以防御凶险。

一直以来，小藏都十分好奇，山海王国各大部落的守护神兽是如何选出来的呢？是因为朏朏能帮助人们解决忧愁？骄吾能帮人们跨过高山？这样思考着，小藏不禁认为，同样具有养之已忧和日行千里能力的自己，是不是也有成为守护神兽的能力呢？

小藏一边这样思考着，一边在英鞮山里散步。英鞮山是座奇特的山，放眼望去，在山中的漆树中，有许多浑身雪白的鸟兽穿行其中。所以，当小藏路过浣水时，那条趴在水边郁郁寡欢的冉遗鱼就格外显眼了。

这让小藏十分好奇：一条鱼能有什么烦心事呢？

于是，小藏上前来到了冉遗鱼身边。

"你好，冉遗鱼，我是正在山海王国旅行的小藏，你发生什么事了？为什么会有这种表情？"

听到小藏的声音，冉遗鱼无精打采地抬头看了小藏一眼，闷闷不乐地回答道："哎，你有所不知，我本是该成为守护神兽的料，无奈生不逢时，一辈子当一条默默无闻的冉遗鱼。"

"能够成为守护神兽？这么说你很厉害咯？"

"那当然，你别看我外表平平，但实际上我有治疗梦魇、抵御凶险的能力。你说说，这山海王国还有比我更适合当守护神兽的吗？"

小藏想了想，觉得冉遗鱼说的话似乎有些道理。于是他点点头，接着询问：

"那生不逢时又是什么意思呢？"

看到小藏肯定了自己，冉遗鱼的情绪显得有些激动起来："我本生活在皇城部落的英鞮山，皇城部落以解忧为尊，若不是那里有养之已忧的朏朏，我现在一定早就是那里的守护神兽了。

不过我想着是金子总会发光，于是便来到了林氏部落。谁知道这里以善走为贵，他们都遵奉那能日行千里的驳吾做这里的守护神兽。哎，看来我只能去那多水多泽的氏人部落，才能找到我的价值了。"

"原来如此呀！"小藏虽然不清楚冉遗鱼是否真的有能够成为守护神兽的实力，但他还是安慰对方："说到解忧，皇城除了守护神兽胐胐，还有能够驱逐疫病的青耕，抵御火灾的窃脂。它们虽然都不在高位，但都努力发挥自己的功能，帮助他人，亦受他人喜爱。所以你只要妥善发挥自己的长处，一定也能受到大家的尊重的。毕竟命运只决定了你的起点，却不能决定你的终点呀！"

冉遗鱼好像被小藏所说服了，它表示自己这就要去行侠仗义后便匆匆与小藏道别了。

辣 辣

辣 dòng
辣 dòng

"泰戏之山，无草木，多金、玉。有兽焉，其状如羊，一角一目，目在耳后，其名曰辣辣，其鸣自訓。"

泰戏山上不生草木，有很多金属和玉。山中有一种野兽，它的外形像羊，有一只角和一只眼睛，而且它的眼睛长在耳朵的后面，这种野兽名字叫辣辣，它的叫声就是自己的名字。

今天的小藏遇见了一只外表奇特的神兽。其实在山海王国里，能够被用上"外表奇特"来形容的神兽真的少之又少，因为单看山海王国里的每一只神兽，它们都足够奇特了。所以，能够从山海王国的这些神兽里脱颖而出，可见它是有多奇怪。

小藏遇到的这只神兽，从外形上看，它与普通的羊无异。然而当小藏站在它面前时，它却总是无视小藏的存在，只有当小藏站到它身后时，才会注意到小藏。

正当小藏感到困惑之际，这只神兽却慢悠悠地开口："我们来玩个游戏吧？"

"什么游戏？"

"找眼睛的游戏！"

听它这么一说，小藏才注意到，这只神兽的脸上竟然没有眼睛。于是小藏答应了这只神兽的游戏邀请，开始仔细寻找起它的眼睛来。他先是让这只神兽蹲下身，一会儿又让它站起来，小藏就这样前前后后仔仔细细地寻找，却依然看不到这神兽的眼睛在什么地方。

忽然，小藏想起，每次自己招呼这只神兽时，它都是先动动耳朵，再转动面部。于是小藏悄悄靠近这只神兽的耳朵，终于在它的耳后看到了它的独眼。

到这时，小藏终于发现，这只眼睛长在耳后的神兽，正是《山海经》中记载的一只叫做辣辣的神兽。

见小藏已经成功破解了游戏，辣辣露出一副惊讶的表情。但小藏仍疑惑地说："该我来问你了！"

"我记得你好像来自泰戏山吧，那里不是氐人部落的地方吗，你怎么会在这？"

于是辣辣解释道，自己过去确实住在氏人部落的泰戏山，但因为它实在喜欢玩这个找眼睛的游戏，曾经日日夜夜地找附近的神兽、居民与自己玩耍，以至于现在整个氏人部落的人都早就知道自己的眼睛长在耳后这个事情了，所以它才离开泰戏山，寻找新的玩伴。

听完它的解释，小藏眼睛一转，对辣辣说："那你要不要来找找，我的眼睛在哪里呢？"

辣辣就将自己的头凑向小藏的正脸，仔细查看起来。小藏心里既紧张又迷惑，因为他觉得，自己的两只眼睛就好端端地长在这里，再怎么说也没到需要"仔细寻找"的程度，而且看辣辣此刻一副为难的模样，难不成……

"辣辣……怎么了吗？你能找到我的眼睛吗？"小藏问。

"嗯，我在思考，究竟哪一个才是你真正的眼睛。"辣辣认真地说，"到底是带着齿轮的这只眼睛是真的，还是不带齿轮的那个。"

原来在辣辣的认知中，所有生物都只有一只眼睛呀！

于是小藏告诉辣辣，这两只眼睛都是他的眼睛。这个世界，可是非常丰富多彩的，要客观地去观察，去认识，才会真正了解这个世界。

寓

寓 yù

"鵸山，其上多漆，其下多桐椐。其阳多玉，其阴多铁。伊水出焉，西流注于河。其兽多橐驼，其鸟多寓，状如鼠而鸟翼，其音如羊，可以御兵。"

在鵸山上有许多漆树，山下有许多桐树和椐树。山的阳面有很多玉，山的阴面有许多铁。伊水发源于这里，向西流入黄河。山中的野兽多是骆驼，山中的禽鸟多是寓鸟，它的外形与老鼠相似却长着鸟一样的翅膀，它的叫声像羊，可以防止兵戈之灾。

不知道是否有人好奇过，在山海王国里，最强的神兽是谁呢？其实小藏在山海王国旅行的过程中，一直在记录自己遇到的每一只神兽，并且在心里偷偷比较它们的"战力值"，举例来说，目前在小藏心里最厉害的神兽，就是林氏部落的守护神兽驺吾！

"不知道有没有一只神兽，在战力上能和驺吾比较呢！"

如此发言的小藏还不知道，今天，他就要遇到山海王国的"最强"神兽了。

话说这天，小藏路遇一个小巧如玩具般的精致祠堂。有一件事要强调一下，山海王国虽然有真的神仙居住于此，但祠堂却是极为少见的。因为在山海王国里，人类、神兽和神仙三者是完全平等的，所以能在路边看到以祭拜为目的的"祠堂"，绝对不是件容易的事。

可是，这座祠堂实在是过于小巧了：它只有人的巴掌那么大，就算小藏转动齿轮眼想进去看看，也是不可能的，因为他一旦那么做了，非把那祠堂撑爆了不可！

于是他只能小心地透过祠堂上的窗子朝里面看。

只见祠堂里布置精美，而且摆满了各种武器和盔甲，乍一看去，就像是一个供奉战神的祠堂，如果不是因为这祠堂实在太过小巧，小藏可真要以为，这里面住着一位八面威风气势恢宏的战神了！

或许是看到小藏在外面不断张望，有只小鸟忽然飞到小藏头顶，对着他的脑袋就是一阵猛啄，一边啄一边还嚷嚷道："咩！你偷窥别人的房子做什么！"

小藏连忙用手捂住被啄痛的脑袋，对小鸟解释："对不起，对不起！我是小藏！是来自 YJGC 星球的旅行者！我没想偷窥！

我本以为那是一个神庙祠堂呢！没想到竟是你的房子！"

听到小藏的解释，那只鸟才停下攻击，它站在小藏面前，上下打量着小藏。

"咩，好吧，看来你的确没有说谎，原谅你了！"

小藏同样观察起这只叫声如羊的小鸟，只见它身体似老鼠，却长着鸟一样的翅膀，再结合那个如同战神祠堂般的家，小藏立刻认出它来。

"原来你是《山海经》里记载过的，那只叫做寓的神兽呀！不过我听说你住在氐人部落的虢山，为什么会出现在这里呢？而且我听说你具有抵御兵戈之灾的能力，所以你会读心术吗？竟然一眼就能看出我没有说谎？"

小鸟得意地点了点头："咩，没想到你脑子还挺灵光的！没错，我就是传说中的神兽——寓。是的，我的故乡在虢山，但是现在我正在旅行。我并没有读心的能力，我就是能一眼看出你没有说谎，因为我是山海王国最强的神兽，自然能看出你的心思啦！"

小藏被寓说得糊涂了。于是寓对小藏解释，真正的强大，是无需武力就能化解干戈、平定天下的力量，因此它小小的寓就是山海王国里最强的神兽。对于最强的神兽来说，看出一个人是否有在说谎，简直是轻轻松松。

看着寓得意的模样，小藏只感慨，寓的强大，多半来源于它自信的力量吧。

吉 量

吉量

jí

liàng

"犬封国曰犬戎国，状如犬。有一女子，方跪进杯食。有文马，缟身朱鬣，目若黄金，名曰吉量，乘之寿千岁。"

犬封国也叫犬戎国，这个国家的人外貌与狗相似。这里有一位女子，正跪在地上，手捧一杯酒进献食物。犬封国里有一种带有斑纹的马，两眼闪金光，白毛红鬣，这种马叫做吉量，骑上它就能够活千岁。

小藏听闻，在林氏部落里有一个特殊的国家，叫做犬封国。据说这个国家里的人外貌与狗相似，而且最神奇的是，这个国家有一匹能够让人活千岁的神马。如果有机会路过犬封国，自己一定要去那里看看，曾经这么下定决心的小藏，没想到今天自己就真的来到犬封国了。

这一日的犬封国似乎正在举办庆典，大街小巷热闹非凡。小藏前后看看张贴的标语、售卖的礼物，原来今天是传说中的神兽吉量的生日。

小藏走在熙攘繁华的大街上，感受着这里独特的氛围，却忽然意识到一件事：作为生日寿星的吉量，始终没有出现在庆典上，这是怎么回事？难道犬封国里根本没有一匹叫做吉量的神马？——这不可能，因为《山海经》上可从来不会记载不存在的事。又或者，吉量其实已经去世了？——这更不可能，看人们为它欢心庆祝的样子！小藏越想越混乱，最后他索性转动自己的齿轮眼：

"启动吧！齿轮眼！去吉量身边！"

一阵风吹过，眨眼间，小藏便出现在一座马厩里。他四处张望，只见一匹白毛红鬣，长有斑纹，两眼闪金光的马儿正像一匹再寻常不过的马一样好端端地待在厩中，从外表看上去，那就是传说中的神兽吉量。

小藏不敢轻易靠近它，只得在他身边绕着圈子打转，思考着接下来该怎么做。

或许是被小藏兜圈子的模样逗笑了，那匹看起来就是吉量的马率先开口：

"你在这做什么呢？"

"没，没有！我就是转转！"

"你是有问题想问我吧？"

于是，小藏终于确认了对方的身份，这匹在马厩中休息的马，确实就是神兽吉量。小藏很是好奇："你贵为乘之寿千岁的神兽，为什么会在一个如此普通的马厩中，像一匹普通的马儿一样呢？而且今天明明是你的生日，你为什么都不出去参与自己的庆生呢？"

吉量若有所思地朝马厩外热闹的人群看了一眼，然后反问小藏："你知道拥有千岁寿命的感觉吗？"

小藏想了想，摇摇头："这个……我不清楚，但普天上下许多人都在追求长寿，所以，如果能够拥有千岁寿命的话，一定很开心吧。"

"不，根本不会开心，尤其是当只剩你一个人时，我见过太多人，当他们痛苦地看着所有的亲人朋友相继去世时，又来请求我杀死他们……我已经不想再看到有人因我而痛苦了，所以我现在只想隐姓埋名，像一匹普通的马儿般生活在这里。"

听着吉量的话，小藏很难过，因为吉量若是这么想的话，该有多寂寞啊！可是不管小藏说什么吉量都不肯离开这个马厩，于是小藏也只得离开了。

大蟹和建木

大蟹 dà xiè

"大蟹在海中。"

巨大的蟹，据说广达千里，生活在海里。

建木 jiàn mù

"九丘有木，青叶紫茎，玄华黄实，名曰建木，百仞无枝，上有九欘，下有九枸，其实如麻，其叶如芒，大暤爰过，黄帝所为。"

九丘上生长着一种树，叶子呈青色，茎干呈紫色，开黑色的花朵，结黄色的果实，名叫建木，它高达百仞，不长树枝，在顶端有九根弯曲的树枝，在下面有九条盘错的树根，它的果实像麻的果实，叶子则与芒叶相似，当年太昊就是凭借建木登上了天，这种树是由黄帝亲自种植的。

　　如我们前面所说，林氏部落地势以崇山峻岭悬崖峭壁为主，所以当小藏来到这个地方时，实在够惊讶。

　　这是一座美丽的海岛，岛上生长着各种各样的奇异植物，而其中最奇异的，当数一棵高有百仞的树。它的茎干是紫色的，中间没有任何一个向外生长的树枝，直到顶端才有九根弯曲粗壮的树枝垂下，树枝上开着黑色的花，结着黄色的果子，叶子的形状像是芒叶。小藏一边感慨着这棵树的奇异，一边吹着海风在小岛上散步。他感受着大海的呼吸，倾听大海的浪潮，却忽然发现，自己脚下的沙滩也随着呼吸变化了起来。

　　小藏不可置信地看着脚下，再次确认：这些沙子就好像被什么东西牵引了般，真的在自己走路！他被这景象吓坏了，立刻蹲下身试图抓住一捧沙子确认情况，却忽然注意到，自己所在的海岛明明刚刚还是和陆地连接在一起的，现在竟孤零零地一个岛浮在海上了？真奇怪？自己明明没有渡海呀？

　　他一脸烦闷地站起身，仔细观察，原地思考，紧盯着脚下的沙滩和身后的大海，终于确认："果然！这座小岛就是在自己移动！"

　　像是为了确认自己的发现是正确的般，小藏启动齿轮眼，来到那棵奇异之树的上方向下看去：原来，自己所在的这座小岛，只是一只巨蟹露在海面上的部分啊！而且除了自己所在的这只大蟹，周围的海里还有许多大蟹的影子，只是它们都没有露出海面，所以刚刚在"海岛"上的小藏才没有看见它们。

　　于是小藏回到树下，感慨着："山海王国可真神奇，居然有体型如此巨大的蟹！"

　　就像是回应小藏的感慨一样，忽然一个浑厚的声音从海中传出："山海王国中体型比我巨大的东西还有很多呢！"

原来是小藏搭乘的大蟹听到了小藏的感慨。

小藏询问它为什么不和自己的同伴一样，潜入水中行进。这只大蟹告诉小藏，因为当年它正露出背部晒着太阳休息，黄帝忽然路过，便在它的背上栽种了那棵神奇的叫做"建木"的树，为了保护这棵树，所以它再也没有让自己的背部沉入海中。

就这样，小藏与大蟹一路聊天，当"小岛"与陆地再次接壤时，小藏便道别了大蟹，继续起自己的旅途。

窫 窳

窫 yà
窳 yǔ

"窫窳龙首，居弱水中，在狌狌之西，其状如貙，龙首，食人。"

窫窳长着龙头，居住在弱水中，位于狌狌的西面。它的形状与一种貙虎相似，长着龙头，会吃人。

现在的山海王国，和谐而平静，即使偶有纷争，也很快就会在其他神兽的帮助下得到解决，然而山海王国一直如此吗？当然不是，在遥远的过去，山海王国也曾是一个充满血腥风雨的地方。

小藏来到一条叫做弱水的河流附近，忽然自水中跳出一只大小如貙虎，头却是龙的形状的怪物，看到它凶恶的模样，小藏猜测，这应该是《山海经》中描述的那只叫做窫窳的怪物。

窫窳龇牙咧嘴地朝小藏扑过来，小藏没有想太多，立刻准备启动齿轮眼逃跑。可就在这时，窫窳忽然倒在了小藏面前。虽然心里十分害怕，小藏还是决定上前查看一番，而就在小藏刚要靠近它时，窫窳又忽然苏醒了过来。同时，小藏察觉到，窫窳的神情似乎和刚才不一样了。

现在的窫窳看起来十分平静，但从它脸上流下的汗珠来看，它似乎在忍受着某种巨大的痛苦。它看了小藏一眼，便立刻扭过头，对小藏说："快离我远些……"

虽然还是很疑惑，但小藏还是按照窫窳说的那样，与它稍微拉开了些距离。可窫窳依旧不满意，它要小藏离得再远些——如果小藏能就此离开的话就最好了，因为它担心自己再次发狂，会伤害到小藏。

"你不用担心我，我有着可以去往任何地方的齿轮眼，你一定伤不到我的！所以我想问问你，你为什么看起来这么难受？"

窫窳叹口气，回答小藏，自己本是山海王国的一位神仙，但是在战争中遭到同为神族的贰负与危杀害，之后又被六巫复活，可被复活后的它失去了理智，成了一只只知道吃人的怪物。

"为什么会这样呢？"小藏不解，"你明明被人杀害，为什么好不容易复活后却还会被变成怪物呢？这不符合道理呀！"

窦窳虽然看起来依旧很痛苦，但却释怀了许多，它回答小藏，是因为自己死而复生，违反了自然的常理，所以受到了惩罚。

小藏依旧为窦窳感到不平，但又对此束手无策，所以他只好对窦窳开玩笑说："那你不需要叫我离你远一点，也不用担心会伤害我，因为我不是人类，你不会想吃我的！"

窦窳露出浅浅的笑意，显然，友善的小藏让它的心情愉快很多，但是由于它不能清醒更久了，于是便快速消失于弱水之中了。

小藏盯着面前美丽的弱水，不由得感到难过，真希望自己能够帮到窦窳呀。

巴 蛇

巴蛇 bā
shé

"巴蛇食象，三岁而出其骨，君子服之，无心腹之疾。其为蛇青、黄、赤、黑。"

巴蛇能吃掉大象，三年后会吐出象骨，人吃了这种象骨，就不会得心脏和腹部的疾病。这种巴蛇身上有青、黄、红、黑四种颜色。

有一句俗语叫物以稀为贵，意思是越稀有越难以得到的东西就越珍贵。

让小藏难以想象的是，这个道理在遍地都是珍奇异宝的山海王国里，居然同样适用。

沿着弱水一直走，小藏看到一座小小的山丘，许多人围坐在山丘周围，喝酒赋诗，好不热闹。

"难道这里在举办什么庆典吗？"小藏好奇地想着，也跟着上前查看。

当靠近后，小藏才发现，这座小山，其实是一条刚刚吞食了大象的巴蛇。此刻，这条巴蛇的整个身体都变成了大象的形状，正趴在路上缓慢地消化着、爬行着。而那些聚集在巴蛇身边的人们，则是一群好像是医生一样的人，他们紧紧地跟在巴蛇身边，当巴蛇向前爬行一步，他们也跟着向前走一步，样子滑稽极了，于是小藏便凑了上去。

"你们好！我是正在山海王国旅行的小藏！"

"你好，小藏，我们是山海王国的医师。"

"医师？是指可以治疗疾病，挽救生命的人吗？"

"是的，我们正在这里采集药材呢！"

听了他们的话，小藏好奇地环顾四周，却发现这里除了巴蛇，倒是什么其他的都没有。

似乎是看出了小藏的疑惑，其中一位医师向小藏解释说，他们要采的草药，其实就是巴蛇吞食的这只大象。巴蛇每次吞食一只大象，都需要三年的时间来消化，待三年后，巴蛇便会将消化大象后所剩的象骨排出体外，那象骨具有治疗心脏疾病和腹部疾病的功效，是上等的药材！

这位医师的话并没有成功打消小藏的疑惑，他皱着眉头，看着巴蛇和医师们，掰着手指算着："巴蛇吞象，要三年才能吐其骨……那这三年你们都要一直跟在这巴蛇身边吗？"

"当然啦！不然三年过去了，谁会知道这巴蛇又去哪里，那象骨又会被它吐到哪里呢！"

听到这，小藏不免露出遗憾的表情："哎，那这三年的时间里，不知道有多少人要被疾病折磨，又有多少人会因为各种病痛而去世呀！"

医师们面面相觑，好像是听出了小藏的话是什么意思，所有人都不约而同地陷入沉默。只听小藏对他们说："大家宁愿将时间放在等待这件事上，也不愿利用自己的能力去治疗他人，真是可惜呀！"

旄 马

旄 máo
马 mǎ

"旄马，其状如马，四节有毛。在巴蛇西北、高山南。"

有一种旄马，它的形状与马相似，四条腿的关节处都长着毛。旄马居住在巴蛇所在的西北处、高山的南边。

　　与医师们道别，小藏继续向巴蛇所在的高山西北边前进。看着眼前高耸入云的山峰，看着那里的皑皑白雪，一阵寒意自上而下向小藏袭来。而小藏同样发现，随着自己所在的海拔越来越高，周围的温度也越来越低。

　　"想必这就是所谓的高处不胜寒吧！"

　　他这样开着玩笑为自己打趣，接着向山的更高处前进。

　　小藏自然是怕冷的，但是他却不怕这座雪山。因为他听说，在这座山上有一种叫做旄马的神兽，这种神兽四条腿的关节处都长着毛，如果能遇到这种神兽帮忙，那么多冷的雪山想必都不足为惧。

　　于是，小藏一边加快脚步，一边向山峰的更高处前进。他一会儿哼着歌，一会儿自言自语地讲几个笑话。可是渐渐地，小藏便没有这份愉快的心情了。不仅是因为这座山爬起来就像没有山顶般实在太高，还因为小藏的体力正在一点点被寒冷侵蚀，而传说中的神兽旄马也丝毫没有出现在他眼前的样子，他的脚步越来越沉……

　　就在小藏险些要睡着的时候，一个毛茸茸的东西包裹住了小藏。小藏抬头一看，正是一只四条腿长有长毛的旄马站在自己身后！

　　小藏张了张嘴，却发现自己一句话也说不出来，原来寒冷的大雪已经将他完全冻僵了。不过也许是自己炽热的眼神传达了自己本来要说的话，旄马对小藏点点头，接着低下自己的头蹭了蹭他的脸颊。然后神奇的一幕发生了，小藏看到周围又来了许多旄马，它们把小藏团团围住，直到在这旄马圈中最中心的小藏都感到有些热起来了，才稍稍散开。

"你们好！我是小藏，谢谢你们救了我，如果不是你们出手相救，想必我已经在这山上被冻晕了吧！"

"别客气，小藏，我们是世代生活在这里的旄马，我们经常帮助路过这里的登山者。"

"你们可真厉害呀！明明这里这么寒冷，你们却好像完全感受不到一样！"

对于小藏的赞叹，旄马却表示，厉害的不是它们作为旄马这个种族，而是它们作为旄马这个集体。虽然它们生有长毛，能够抵御一定的寒冷，但真要在这冰天雪地中生存，还是要依赖族群的力量。在它们旄马一族中，如果有哪匹旄马不幸落单，也是会被冻僵的，而它们要做的，就是像刚刚拯救小藏一样，所有旄马围成一圈，并且自然地更换里层和外层的位置。只有这样，才能在极端恶劣的环境里生存下来。

听着它们的解释，小藏觉得旄马们不仅强大善良，还聪慧谦虚，对它们更加佩服了。

就这样，在旄马的帮助下，小藏顺利翻过了雪山。

兕

兕 SÌ

"兕在舜葬东，湘水南，其状如牛，苍黑，一角。"

兕栖息在帝舜埋葬之地的东边、湘江的南边。它的外形像牛，身体呈苍黑色，长有一只角。即为犀牛。

在山海王国中，有头有脸的神兽从来不少，但是小藏今天遇到的这位，着实有些特殊了。

小藏是在湘江的南侧遇到这头牛的。当时，这头牛正在水边怡然自得地散步，远远看去，小藏看见它的身体是苍黑色的，头上只有一只角，便识出这是神兽兕。见到认识的人，便去打招呼，是小藏的必做之事，毕竟他现在是一名旅行者，每一次巧遇都是一段缘分。

可是，虽然小藏很是兴奋，兕却一点搭理小藏的意思都没有。

"你好呀，我是正在山海王国旅行的小藏，请问你是神兽兕吗？"

"呃，你好呀，兕，我是小藏！"

"奇怪？兕为什么不理我呢？"

小藏绕着兕转来转去，可对方就像听不见小藏说话，也看不见小藏的身影一样，它依然昂首挺胸，自顾自地沿着湘水散步。

小藏丝毫没有气馁，他依旧围着兕说来说去：

"兕？你看得到我吗？还是看不到我呀？"

"兕？你听得见我说话吗？还是听不见呢？"

终于，像是被小藏的软磨硬泡折腾烦了般，兕大声斥责小藏："注意你的礼数！现在在你面前的，可是传说中名震天下的太上老君的坐骑！是每逢天下将盛而现世的瑞兽！还是出演过《西游记》和《红楼梦》的大明星！"

"哎呀！原来如此！真是抱歉！是我没想到会在这里遇见您才没认出您的，谁让我只是一个普通的小藏，怎么会想到自己有一天会见到您呢！"

小藏的话说服了兕，于是它终于不再像刚刚那般气势汹汹的样子了，他原谅了小藏，还将自己的签名送给他，显然一副对小藏的夸赞很受用的模样。

　　于是小藏接着询问它："不过有件事我很好奇哦，兕你明明是这么厉害的大明星，为什么在《山海经》中关于你的记载，却只有短短一行话呢？还是只关于你的外表的？"

　　这次，兕的脸色黑了下来。虽然小藏知道它没有如雷兽夔那般招雷的能力，但此刻兕的表情却像是身后跟了一大片电闪雷鸣的黑云般可怕。他没有回答小藏的问题，而是用气势直接把小藏赶跑了。

　　离开兕以后，小藏自己思考着问题的答案，虽然他不知道自己的结论是否正确，但他猜，应该是因为兕的那些厉害的身份都是仰仗他人才得到的，所以才不会被记录下来吧！

菌狗和蝡蛇

菌狗 jūn gǒu

"又有青兽如菟，名曰菌狗。"

还有一种形状像兔子的青兽，名叫菌狗。

蝡蛇 rú shé

"有灵山，有赤蛇在木上，名曰蝡蛇，木食。"

有一座灵山，有一条红蛇在树上，名叫蝡蛇，吃树木为生。

在山海王国的旅行中，小藏总是会在与神兽们相遇的故事里，学到一些小小的智慧。但大多数时候，他在山海王国里遇见的，其实都是些由滑稽可爱的小误会勾勒而成的故事。

以今天发生的事举例吧，这天的小藏来到灵山附近，好巧不巧，正遇到一个山海王国神兽捕食现场！这是一条红色的大蛇，它将一只像兔子一样的青兽，用自己的身体紧紧缠绕住。小藏很清楚物竞天择适者生存的道理，所以在这个时候他不知道自己是该帮助那只可怜的青兽脱困，还是该眼睁睁地看着那条红蛇吞吃对方。于是，小藏心一横，决定一跑了之。

就在他打算转身就跑时，那条红色的大蛇却主动开口叫住了小藏：

"不要怕，孩子，我是山海王国里的神兽蟒蛇，我是以草木树叶为食的素食主义者，是不会伤害你的。"

虽然蟒蛇的眼神非常真挚，可是看着那只痛苦的青兽，小藏觉得对方的这番话怎么也不可相信。

看到小藏紧张的神情，蟒蛇缠绕青兽的力度更紧了一点。

"怎么了？孩子？你为什么还是这么紧张？你不相信我的话吗？"

于是小藏指了指被蟒蛇紧紧缠缚的青兽说："呃……你虽然说自己是素食主义者，可是我觉得你的食物可能不这么认为。"

听到小藏这么说，蟒蛇才低下头查看被自己缠绕住的东西。

"哎呀！"让人惊讶的是，蟒蛇自己也被吓了一跳，它慌忙打开自己的身体，那只青兽也随之摔了出来。

那只青兽在地上翻滚了几圈后才重新站稳身子，它快速躲到小藏身后，愤怒地指责蟒蛇说："你的眼神是有多差，才会把我看成是植物啊！我是菌狗！是一只狗呀！"

"对不起，对不起，因为你浑身都是绿色的，我以为你是一棵草……"

听着蛭蛇的解释，小藏也眯起眼睛打量起菌狗来，视线一片模糊，那只绿色的菌狗乍一看去，确实很像是某种植物的样子。于是小藏附和着蛭蛇的话，劝解道："好啦，你就原谅蛭蛇吧，它都说了自己是看错了。"

"我可是差点被吃掉啊！怎么可能一句道歉就原谅！"

被菌狗这么一说，小藏也觉得它说的确实有道理，毕竟这是和生命有关的事情，就算是误解和玩笑，也不该被轻易忽视。

虽然菌狗和蛭蛇的理论听起来很是无趣，但小藏还是为自己在山海王国旅行时遇到的这些小小故事，开心地笑出声来。

翳 鸟

翳鸟 yì
niǎo

"北海之内，有蛇山者，蛇水出焉，东
入于海。有五采之鸟，飞蔽一乡，名曰
翳鸟。"

在北海内有座山，名叫蛇山，蛇水发源于
这座山，向东流入大海。山中有一种五彩
斑斓的鸟，它飞在空中，能够遮蔽一整个
地区，这种鸟名叫翳鸟。

　　小藏以为，自己早已适应山海王国里变化多端的气候与天象了，但是今天遇到的事情，还是让他大吃一惊。

　　今天的小藏来到了一处叫做蛇山的地方，忽然自天空投下一片巨大的阴影。小藏好奇地抬起头向天上看去，却看见一只浑身散发出五彩光芒的巨鸟从天空中飞过，打在整个蛇山之上的阴影，正是它巨大的身体遮蔽光芒导致的。

　　小藏看着这一幕，心中不禁升起一股好奇之感："这只鸟儿是谁呀？它怎么会如此巨大？"他一边这么想着，一边跟随鸟儿飞翔的方向行进，直到看见那只鸟儿落到远处某个山头，小藏才有机会上前与其打招呼。

　　"启动吧！齿轮眼！"

　　他转动齿轮眼来到那只鸟落脚的山头，可是那只巨鸟却依然不见踪影，在他眼前的，只有一只与普通鸟儿大小无异的鸟。虽然大小差了很多，但看着这只小鸟身上五彩斑斓的羽毛，小藏觉得，这就是自己要找的那只鸟。

　　所以小藏还是凑上前和它搭话："你好，我是小藏，很高兴见到你，那个……我想问，你有看到一只有那——么大的鸟吗？"

　　这只五彩斑斓的小鸟警惕地看着小藏，然后摇摇头。

　　见对方似乎马上就要离开，小藏立刻举起双手表示自己没有敌意："你不要害怕，我没有伤害你的意思！所以……能不能请你告诉我真相呢？因为我刚刚真的看到一只好大好大的鸟儿飞到这里了！"

　　那只鸟再次以审视的眼神观察小藏一番后，才终于放下了防备。它告诉小藏自己叫作鹬鸟，而小藏所说的那只巨大的鸟，同样是翳鸟——那是它们无数只翳鸟成群结队在一起飞翔。

　　小藏询问它们为什么要那么做，回答说由于它们翳鸟的眼睛是一种能够用来制作翳珀的原材料，所以长期遭到狩猎，而它们单只翳鸟又实在势单力薄，所以才会成群结队一起行动，以达到威慑人类的目的。

　　于是小藏询问他们："那你们这么做，确实有效吗？人类真的不来狩猎你们了吗？"

　　翳鸟面露难色："还算有效吧，但因为我们成群飞舞时，族群过于硕大，反而更加招摇，更加吸引人类注意了，这让我们看起来就像天空中的活靶子。不过好在我们人数够多，一旦有人类来狩猎，我们便会一起把他赶走。"

　　听着翳鸟的话，小藏不由得感慨，人类真是可怕，看到一只那么大的巨鸟，不顾自身安危，都要想办法来挖它的眼睛。

　　翳鸟则纠正小藏："可怕的不是人类，而是人类永无止境的贪念呀！"

孟 鸟

孟鸟

mèng

niǎo

"孟鸟在貊国东北。其鸟文赤、黄、青，东乡。"

孟鸟在貊国的东北部，这种鸟的花纹呈红、黄、青三种颜色，向着东方站立。

与翳鸟道别，小藏继续他的旅程。有趣的是，他没走多久，便又遇到一只浑身颜色五彩斑斓的鸟。他本以为自己是遇到了一只落单的翳鸟，刚想上前为它指路，却发现这只鸟身上的花纹只有红色、黄色和青色三种颜色，而且它不飞也不走，就那样一动不动地站在原地，仿佛一尊石雕。

小藏对它的行为举止十分好奇，于是他试探性地对那只鸟打招呼道："你好，我是小藏！"

"我叫孟鸟。"那只鸟虽然礼貌地回答了小藏的问题，但因为它依然一动不动地站在原地，这让小藏十分怀疑，它是不是被施了定身咒才会如此。

"你好，孟鸟，请问你为什么一动不动地站在这里呢？"

听到小藏的这个问题，孟鸟一成不变的脸上似是闪过一丝骄傲，它的头稍稍抬起一些，回答小藏："因为我是林氏部落的向导，所有人都知道，我所朝向的前方就是东方，所以我一定要永远面朝东方站立。"

看来对方不是被施了定身咒才在原地不动后，小藏稍稍放下心来，于是他顺着孟鸟的视线看向前方，也就是东方。他十分好奇，东方是有什么宝物？还是有什么不能去的仙境？抑或是那里住着什么传说中的神兽？不然为什么孟鸟要一直站在原地为人们指路呢？

面对小藏的这个问题，孟鸟却哑口无言，它只得遮遮掩掩地告诉小藏："这么一想，我也不知道东方到底有什么东西……"

孟鸟会这样回答，倒是小藏从来没有想到的，一个人怎么能为他人指一个自己也不知道目的地是哪里的路呢？于是在小藏的追问下，孟鸟才告诉小藏，原来它是一种十分长寿的鸟类，而且他不止长寿，还十分懒散。有一次，他路过这个地方，在这里一睡就是十几年，因为睡着的时候脸都是朝着同一个方向，所以便被人类当作路标来记录了。在人类的记录里，自己面朝的方向就是东方，所以它就一直在这里站着了，而至于自己所朝的东方到底有什么，孟鸟则是从来没去过的。

听了孟鸟的话，小藏感到十分悲伤。但是孟鸟却告诉小藏，自己这么多年充当路标站立于此，虽然十分辛苦，但是却能帮助到许多人，它只是在责任和个人意志中选择了前者而已。在生活中这二者的选择总是冲突的，人们总要为此作出选择，不过好在，不管作出哪个选择都是正确的。

最后，孟鸟对小藏说："如果有一天，人们告诉我，我已经不必再工作时，我一定也会像你一样去旅行，我会一直朝东方飞行，直到看到那里有什么东西为止！"

"好！那我就期待在未来与你再会！再见！孟鸟！未来见！"

"未来见！小藏！祝你旅途愉快！"

树鸟和开明兽

树鸟 shù niǎo

"开明南有树鸟，六首：蛟、蝮、蛇、蜼、豹、鸟秩树，于表池树木。"

开明兽栖息之地的南边有树鸟，长着六个脑袋：蛟、蝮、蛇、蜼、豹和鸟秩树，在表池的周围环绕着树。

开明兽 kāi míng shòu

"昆仑南渊深三百仞。开明兽身大类虎而九首，皆人面，东向立昆仑上。"

昆仑山南面的渊潭深有三百仞。开明兽的身形有老虎那么大，它有九个头，每个头都长着人一样的面孔，面向东面站立在昆仑山上。

珠树 zhū shù

文玉树 wén yù shù

圣木曼兑 shèng mù màn duì

玗琪树 yú qí shù

木禾 mù hé

不死树 bù sǐ shù

鸾鸟 luán niǎo

"开明北有视肉、珠树、文玉树、玗琪树、不死树。凤皇、鸾鸟皆戴瞂。又有离朱、木禾、柏树、甘水、圣木曼兑。一曰挺木牙交。"

开明兽栖息之地的北面有视肉、珠树、文玉树、玗琪树、不死树。此处的凤凰、鸾鸟头上都戴着盾。这里还有离朱、木禾、柏树、甘甜的泉水及圣木曼兑。一说圣木曼兑即指挺木牙交。

小藏按照孟鸟的指示一路向东，最终来到了一处叫做昆仑山的地方。这里的景色非常奇异，生长着各式各样珍奇的树木和植物。小藏观察着那些树，比对着自己脑中关于《山海经》的记忆，连连感慨："这些树放在其他地方，一定都是个顶个的神树，要受人敬仰膜拜才是，在这里却只是普通的树木，不愧是传说中的神山昆仑山呀！"

没错，小藏自然是知道关于昆仑山的传闻的，他听说这里还居住着一只叫做开明兽的神兽。虽然小藏没有亲眼见过开明兽长什么样子，不过小藏倒是听说，它是一个长有很多头的神兽，守护昆仑山的山门便是它的职责。

就这样，小藏在昆仑山里自在地行走着。他一边寻找着开明兽的踪迹，一边记录着这里的风景和植物。突然，他看到一只长有六个脑袋的树鸟出现在自己面前，一时间，六个脑袋十二只眼睛齐刷刷地看向小藏，这感觉可有点新鲜。

"嘿，小东西，你是谁，来这做什么？"

"你好，我是在山海王国旅行的小藏，我听说开明兽居住在此，所以特来拜访！"

听到开明兽的名字，这六个脑袋显得十分兴奋。

"原来如此，你要找开明兽，你的运气可真好！因为我就是你要找的开明兽！"

"开明兽"的话让小藏惊喜万分，于是，小藏在"开明兽"的带领下开始畅游昆仑。"开明兽"告诉他这棵树叫不死树，吃了这棵树就能长生不死；"开明兽"又告诉小藏那棵树叫圣木曼兑，吃了那棵树就能获得无穷无尽的智慧。

虽然"开明兽"为小藏讲述的事，小藏都有在《山海经》里读到，但他还是配合着"开明兽"的介绍惊呼喝彩。

就在这时，他们忽然被一只长着九个人面头颅的巨虎拦住，只见那巨虎英气勃发，气势恢宏，把"开明兽"吓得一动也不敢动："六首树鸟，你在这做什么？"

原来一直带小藏畅游昆仑的"开明兽"是昆仑山中喜爱恶作剧的六首树鸟，而面前这位，才是真正的开明兽！

开明兽向小藏道歉后，赶走六首树鸟，它告诉小藏，林氏部落的众神早已听闻小藏来到山海王国，他们估算着今日小藏将到达昆仑山，于是特意派遣自己来邀请小藏去他们的仙境做客。

于是真正的开明兽一边带着小藏前往仙境，一边为他介绍昆仑山的风景。其间小藏询问六首树鸟是否会因假扮开明兽而受惩罚，开明兽则为难地表示，六首树鸟也是昆仑山中的一员，即使它犯错，自己也不会忍心责罚它的。

听着开明兽的回答，小藏感觉，六首树鸟之所以会这么顽皮，恐怕和开明兽对昆仑山所有生灵的溺爱脱不开关系吧。

延 展

• 巨大的昆仑有九道门，守门的就是开明兽，它们具有相当勇猛的性格，身体像巨大的老虎，有九个头并且长着人脸，但是表情肃穆，始终瞪大眼睛环视昆仑，不让任何异常生物进入昆仑，保护了昆仑的和平安宁。

嫘祖

léi

zǔ

嫘祖始蚕

姐最骄傲的title是母亲

"黄帝妻雷祖，生昌意。"

嫘祖为西陵氏之女，轩辕黄帝的妻子，昌意的母亲。

黄帝
huáng
dì

黄帝

中国古代部落联盟首领 五帝之首

"有九丘，以水络之：名曰陶唐之丘、有叔得之丘、孟盈之丘、昆吾之丘、黑白之丘、赤望之丘、参卫之丘、武夫之丘、神民之丘。有木，青叶紫茎，玄华黄实，百仞无枝，有九欘，下有九枸，其实如麻，其叶如芒。大皞爰过，黄帝所为。"

有九座山丘，它们的周围有水环绕，这九座丘分别是：陶唐丘、叔得丘、孟盈丘、昆吾丘、黑白丘、赤望丘、参卫丘、武夫丘、神民丘。丘上生长着一种树，叶子呈青色，茎干呈紫色，开黑色的花朵，结黄色的果实，名叫建木，它高达百仞，不长树枝，在顶端有九根弯曲的树枝，在下面有九条盘错的树根，它结的果实像麻的果实，叶子则与芒叶相似，当年太昊就是凭借建木登上了天，这种树是由黄帝亲自种植的。

"雷泽中有雷神，龙身而人头，鼓其腹。在吴西。"

雷泽中住着一位雷神，这位雷神长着龙一样的身子、人一样的脑袋，只要拍一下自己的腹部，就会发出打雷声。雷泽位于吴地的西边。

雷神 léi shén

风伯 fēng bó

"蚩尤作兵伐黄帝，黄帝乃令应龙攻之冀州之野。应龙畜水，蚩尤请风伯、雨师，纵大风雨。"

蚩尤制造兵器攻击黄帝，黄帝便派应龙在冀州的原野与蚩尤作战。应龙蓄积了很多水，蚩尤请来风伯和雨师，于是风雨大作。

雨师 yǔ shī

　　林氏部落的神仙们居住在昆仑山中，据说过去西王母也居住于此，后来不知是因为昆仑山太高，每日往返舟车劳顿太麻烦，还是因为西王母对昆仑山的风景厌倦了，她便离开了昆仑山，去到了皇城部落。

　　当小藏拜访西王母时，她为小藏讲述了一些她在昆仑山中居住时发生的趣事。小藏还记得，那时西王母对小藏说，攀登昆仑山可不是件容易事，因为那昆仑山不止高耸险峻，还曲折离奇，若没有开明兽的守护，肯定是上不来的。

　　好在，小藏和开明兽已经彼此熟识，他就这样在开明兽的帮助下，一路来到了昆仑山的最高处。果不其然，正如西王母所说，昆仑山顶真的是非常凶险之地。

　　只见这里狂风暴雨，电闪雷鸣，非常可怕。更可怕的，则是开明兽说，因为前方就是林氏部落的神界了，所以他不能再继续陪同小藏前行了。于是，开明兽就这样离开了，小藏看着前方的风景，内心非常紧张，不过也只能硬着头皮继续前进了。

　　虽说这里天气恐怖，但小藏还是顺利来到了风暴中央，他轻轻抬头，就见到三尊神明立于天空之中。看着他们的模样，小藏认出，这几尊神分别是传说中的风伯、雨师和雷神，或许是因为小藏长得实在太小，所以这三位完全没有看到他。

　　于是小藏看到，雷神击打着自己的肚子，对着风伯和雨师大喊："我雷神，被人类畏惧，我即是最强的自然之神！"

　　另一边的风伯和雨师也不甘示弱，他们纷纷举起自己的法器："我们风伯和雨师才是最强的，我们曾经运用狂风暴雨的奇术，让黄帝都迷失方向！"

　　伴随着他们的话，小藏身边的风、雨和雷变得更凶暴了。而就在这时，小藏听到一位女子的声音，微弱而清晰地透过暴风雷雨传了进来："好了好了，你们几位，把我们的客人都吓到了。"

话音刚落，小藏就看到，原本凶悍无比的雷霆和风雨瞬间停息，消失不见了。同时，一位打扮朴素的女子走到小藏身边，她告诉小藏自己是嫘祖，是林氏部落的女神，也是蚕丝技术的创造者。小藏向她表示了感谢，雷神、风伯和雨师也纷纷前来向嫘祖问好，并为刚刚吓到小藏而道歉。

就这样，小藏跟随嫘祖见到了黄帝。黄帝是嫘祖的丈夫，也是一名掌管山海王国诸多事物的大神。他一见到小藏就对小藏表达了喜爱，他甚至邀请小藏也作为神仙留在林氏部落，然而小藏拒绝了黄帝的邀请，因为比起身居高位，小藏更热爱自由。

于是，小藏与黄帝依依不舍地道别。临走前，嫘祖还送给小藏一条自己用蚕丝亲手制作的围巾，戴着嫘祖的围巾，小藏离开了林氏部落，前往下一个冒险之地。

延 展

• 嫘祖发明了养蚕、缫丝和织绸技术，有力地推动了中国古代文明的发展，史称嫘祖始蚕。嫘祖被尊为中国古代文明创始者中的人文女祖，是有史籍记载的中华民族的伟大母亲，华夏文明的奠基人。她识大体，不徇私，义方教子，大爱无私。

氐人部落

位于山海王国正北的是良田万亩、海纳百川的氐人部落。这里涵盖了《山海经》之《西山经》《北山经》两篇所记载的地理范围。氐人部落属"水"，代表五行之"水"的文鳐鱼是这里的守护神。氐人部落里居住的多为人面鱼身的"美人鱼"，氐水横穿部落，不仅能灌溉田野，还能滋润水边的百姓。在守护神文鳐鱼的庇护下，氐人部落是山海王国中最为物产丰饶的部落。

文鳐鱼

文鳐鱼

wén

yáo

yú

"泰器之山，观水出焉，西流注于流沙。是多文鳐鱼，状如鲤鱼，鱼身而鸟翼，苍文而白首赤喙，常行西海，游于东海，以夜飞。其音如鸾鸡，其味酸甘，食之已狂，见则天下大穰。"

观水发源于泰器山，向西注入流沙。水中有很多文鳐鱼，这种鱼样子像鲤鱼，长有鱼的身体，鸟的翅膀，白头红嘴，身上有苍色斑纹，常在西海活动，在东海畅游，夜里会跳出水面飞翔。文鳐鱼的叫声像鸾鸡，肉的味道酸中带甜，据说吃了可以治疗癫狂，见到它天下丰收。

　　告别林氏部落，小藏来到了传说中以水泽闻名的氏人部落。这里没有高山也没有荒漠，只有一望无际的良田万亩。连接林氏部落与氏人部落的，是从泰器山中流出的观水，观水一路西流，注入流沙，顺着流沙延展出一整个氏人部落的海纳百川波澜壮阔之景。

　　小藏朝远处眺望，能够看到各式飞鸟游鱼在氏人部落广阔的海平面上不断跳跃、飞行、遨游。眼前的风景，让小藏感觉，氏人部落的天空与海洋似乎是融在一起的，万物共生，万物共长，泰然安乐，逍遥自得。

　　小藏实在是太喜欢这里了，就在他为这里的美丽风景颇为感叹之时，又见一只体型巨大长着双翅的鱼自海中飞出。听说过鲤鱼跃龙门吗？当那条鱼从小藏头顶飞过时，小藏想到的就是这个词，只看得这鱼越过小藏头顶上方的天空，又落入另一边的海中，当它的身体跳入海中时，小藏伸手阻挡扑面而来的水花，但是小藏没有等来浪花，那条鱼掀起的是一层又一层金色的麦浪。

　　小藏完全被眼前的景色震慑住了，就在这时，一个声音忽然出现在小藏脑内。

　　"欢迎你，小藏，我早已听闻你的故事，祝你在氏人部落玩得开心。"

　　"谢谢你？虽然不知道你是谁，但是谢谢你！"

　　"我是氏人部落的守护神兽，文鳐鱼。"

　　随着文鳐鱼的回答，那条巨鱼又在海中用鱼尾拍了拍海浪，更多的小麦则随浪而起，于是小藏认出，那条巨鱼就是文鳐鱼。

　　小藏询问到："那些麦浪是你的法术吗？"

　　"是的，五谷丰登随我而来，每当我拍击海水，海水便会变成麦浪，每当我于天空飞翔，所经之处便会迎来丰收。"

"这还真是神奇呀！"

小藏跟着文鳐鱼一起漫步水边，但是如同胐胐的养之已忧、邹吾的日行千里都引起了他的疑问一样，文鳐鱼五谷丰登的特性同样让小藏产生了疑虑："请问，你只需敲打海浪就会带来麦浪，会不会破坏自然界本身的生态平衡呢？"

小藏虽然如此询问，但在他心里他认为文鳐鱼一定会给他一个合理的解释的。然而文鳐鱼却沉默了很久，最后文鳐鱼小声告诉小藏："对不起，我从来没有思考过这个问题。"

小藏一时间哑口无言，不过想到文鳐鱼的特性是带来丰收，他也便随之释然了，因为这个世界，需要一些没有意义的好事发生。

狡 jiǎo

"玉山，是西王母所居也……有兽焉，其状如犬而豹文，其角如牛，其名曰狡，其音如吠犬，见则其国大穰。"

玉山是西王母居住的地方。有一种野兽，它的外形像普通的狗，却长着豹子的斑纹，头上长着牛一样的角，这种野兽叫做狡，发出的声音又如同狗叫，它出现在哪里，哪里就会五谷丰登。

就是这样一只"四不像"，它的出现却让山海王国五谷丰登。

虽然接受了文鳐鱼的庇护，氏人部落又是以盛产粮食闻名山海王国的地方，但是当小藏旅行至玉山时，还是感觉到了十分饥饿。毕竟，光是能够生产粮食还不行，虽然氏人部落良田万亩，但是这一路小藏都没能遇到一个能够把这些粮食加工成食品的地方，加之小藏自己并不会烹饪，眼下的他已经一天没吃东西了。

就在他的肚子不争气地发出一声又一声的哀嚎时，却见前方卧着一只像狗像豹又像牛的野兽。小藏太饿了，他的大脑几乎丧失了思考和反应的能力，他就这样傻愣愣地站在原地，看着那只野兽蹦到自己面前，看着那只野兽绕着自己看来看去，看着那只野兽在自己身边舒展身体的四肢关节。

好在，那只野兽没有伤害小藏的意思，它笑嘻嘻地对小藏说："嘿，小东西，猜猜我是谁？猜对了有奖励哦！"

小藏上下打量着这只野兽，它的声音好似犬吠，它身上的纹理像是豹纹，它的头上长有一对牛角，这种生物小藏在哪里听说过……

"我知道了！你一定是传说中的四不像！"

小藏的回答惹得对方哈哈大笑："哈哈哈，完全不对，我的名字是狡。"虽然小藏猜错了，但他的猜测似乎给对方带去了巨大的快乐。

小藏有一种被嘲笑的感觉，他既感到不甘又感到烦闷，他双手环胸鼓起脸颊对狡说："要不你也来猜猜，我是谁？"

狡看了看小藏："嗯，你看着像狸兽，却有两条尾巴，你还有一只我在山海王国里从未见过的眼睛，我一旦靠近你就能感觉到一种轻松快乐的情绪……我知道了，你一定是胐胐！"

虽然狡的回答不算完全正确，但也八九不离十，因为神仙们已经告诉过小藏，他其实是肬肬在 YJGC 星球的投射，所以，小藏确实就是肬肬。

看到小藏的表情，狡更加得意了："怎么样？我是不是猜对了？"

"嗯，你猜对了。"此刻的小藏已经完全泄了气，他又饿又累，眼下又被嘲笑，可真是太倒霉了，"哎，愿赌服输，我猜错了，你猜对了，你要如何惩罚我？"

"惩罚？好主意，玩游戏就是要奖惩分明才有意思。"狡说着取出许多美食摆到自己和小藏面前，"那就惩罚你和我一起享用这些美食吧！"

看着这些食物，小藏口水直流："你，你是从哪拿出这么多食物的？"

"狡可是能带来丰收的瑞兽，这点美食，当然不在话下啦！"

于是，在狡的帮助下，小藏饱餐了一顿。

天狗

天狗 tiān gǒu

"阴山，浊浴之水出焉，而南流于蕃泽，其中多文贝。有兽焉，其状如狸而白首，名曰天狗，其音如榴榴，可以御凶。"

浊浴水发源于阴山，向南流入蕃泽，水中有很多带有花纹的贝壳。山中有一种野兽，外表像长着白色脑袋的狸兽，这种野兽是天狗，发出的叫声像猫叫，可以抵御凶险。

虽然在山海王国的旅行中，小藏有结识到各种各样的神兽，还交到了不少性格各异的朋友，但是能够让小藏感到羡慕崇拜的倒是从来没有。倒不是说小藏不尊重他们，而是说所谓的"羡慕崇拜"是指小藏也想成为像他们那样的人，毕竟，诸如朏朏、烛龙、驺吾、文鳐鱼等神兽，固然强大，但单是看着它们，小藏就知道，自己一辈子都不会成为和它们一样强大的神兽，因为自己和它们实在是相差甚远。所以，今天遇到的这只神兽，倒真的让小藏体验了一把，什么叫做追星的感受。

小藏是在阴山遇到天狗的。在来到阴山之前，小藏就听说这里经常发生一些凶险诡异的事情，他非常害怕，尤其是山中时不时传来的"榴榴"叫声，更是让他毛骨悚然。而就在小藏害怕之际，一只头部呈白色的狸犬从山中走出，小藏认出来这是《山海经》里提过的天狗，一种可以抵御凶险的神兽。

"你是来帮我的吗？"小藏试探着提问。

天狗沉默地点点头，然后走到小藏身边，似是表示自己会守护他的安全。

就这样，小藏在天狗的陪伴下，小藏顺利地穿过阴山，他们在这一路遇到了会攻击人的花草，遇到了带有剧毒的树木，再加上山中林林总总的大小猛兽，真的是十分惊险。好在，面对所有的危险，天狗都能化险为夷，他一路守护小藏，帮助小藏，而且从头到尾都一言不发。

小藏在心里不由得对天狗升起一种崇拜敬仰之情，沉默却强大的天狗，实在是太帅啦！自己也好想成为像天狗这样强大的神兽呀！

于是，小藏与天狗的旅程在小藏对天狗的越来越强烈的仰慕

中，迎来了终点。他们已经翻过了阴山，眼看着就要到道别的时候了，虽然小藏颇为不舍，但他还是下定决心与天狗道别，因为最艰难的一关已经过去，如果自己总生活在天狗的保护下，是永远不会有成长的。

"再见，天狗！谢谢你一路的照顾！真希望我也能变成像你一样又酷又强的神兽呀！"

面对小藏真情实感的道别，天狗忽然仰首向天，它张开嘴，似是要发出一声离别的哀嚎："榴榴，榴榴。"

小藏听到的却是尖细的猫叫声。

原来，天狗虽然叫做天狗，实际上它的叫声却好像猫的叫声一样可爱。因为天狗一向以自己似猫的叫声为耻，所以一路才沉默寡言。

听到自己的叫声，天狗羞愧不已，立刻就要逃跑，还好小藏及时拦住了它，并告诉天狗，自己对天狗的崇拜不会因为它的叫声像猫就改变的，而且猫叫声也很酷！因为真正吸引小藏的是天狗本身呀！

狰、毕方和丹木

狰 zhēng

"章莪之山，无草木，多瑶、碧。所为甚怪。有兽焉，其状如赤豹，五尾一角，其音如击石，其名如狰。"

章莪山上寸草不生，有许多美玉和青绿色的玉石。山中的东西都十分奇怪。有一种野兽，外形像红色的豹，有五条尾巴和一只角，发出的叫声像敲击石头的声音，这种野兽就是狰。

毕 bì
方 fāng

"有鸟焉，其状如鹤，一足，赤文青质而白喙，名曰毕方，其鸣自叫也，见则其邑有讹火。"

有一种鸟，它的形状像鹤，只有一只脚，青色的羽毛之上有红色的斑纹，长着白色的嘴巴，这种鸟名叫毕方，它鸣叫起来就好像是在呼喊自己的名字，它在哪里出现，哪里就会有大片的怪火。

丹木 dān mù

"崦嵫之山，其上多丹木，其叶如榖，其实大如瓜，赤符而黑理，食之已瘅，可以御火。"

崦嵫山，山上长着很多丹树，它的叶子像构树叶，结出的果实如瓜一般大，长着红色的花萼、黑色的纹理，吃了它可以治疗黄疸病，还可以用它来防火。

　　众所周知，氏人部落是一个以多水多泽、盛产粮食闻名的地方，所以，当小藏来到这样一个地方时，他是真的惊掉了下巴！

　　让小藏如此吃惊的地方，便是一座叫做章莪山的山。不同于氏人部落的其他地方，章莪山炎热干燥，寸草不生，很是奇怪。就在小藏在这里调查山间土壤之际，忽然听到一阵敲击磐石的声音传来，于是他立刻躲到一块巨石后观察，打算一探究竟。

　　随着声音越来越近，不出一会儿，小藏便看到一只全身赤红身形如豹，脸部生出一角，后面长有五条尾巴的怪物，一边发出击石一样的叫声，一边走过。看着它的模样，小藏认出那是《山海经》里记载的神兽狰。

　　难道是神兽狰让这里寸草不生的？小藏从未听说这种神兽有这种功能，他认真思索着，直到狰已经离开，他也没从巨石后面的藏身处出来。

　　忽然，小藏闻到一阵野草燃烧的味道，再一抬头，却见一只浑身青羽生着红色斑纹，只有一条腿的鸟站在刚刚狰停留过的地方，而周围的枯草却以那只鸟为中心燃烧了起来！于是小藏认出，那只鸟是《山海经》里记载的可以引起怪火的毕方！

　　"这可不行！可得快点来灭火呀！"小藏说着从巨石后跑出来，他正要启动齿轮眼去附近的河水中打些水过来时，却被毕方拦下。

　　毕方冷静地告诉小藏："不必去灭火。"

　　"这是为什么？"

　　"因为我所到之处，必会引起怪火，即使你灭了这点火，很快那边的火也会烧起来。"

　　"那也不是你放任怪火自燃的理由呀？"

　　小藏被毕方的话搞糊涂了，于是毕方告诉小藏，很久以前，自己一直为这怪火的特性懊恼。因为它只要停留，便会引起火灾，所以要经常更换居住的地方。氐人部落的神兽都不喜欢它，唯独这章莪山的狰邀请它来此居住。因为章莪山本就不易生长大规模的野草树木，对于毕方来说，就是个可燃物较少的地方，这样的话，它停留在这里，即使有火，也不会蔓延得漫山遍野都是火。待火将枯草烧净后，留下的草木灰具有施肥、杀菌、治疗疾病等功效。因此，它与狰便被委派在章莪山进行肥料生产了。

　　虽然小藏还是有些"燃烧野草会导致大量有害气体排放"之类的问题，但看到毕方好不容易为自己找到一处立足之地，也不好多说什么，最后他将一枚叫做丹木的树种送给毕方，并告诉它，这是能够抵御火灾的树木，虽然不知是否有用，小藏还是由衷地希望，这个东西可以帮助毕方。

帝 江

帝
江
dì

jiāng

"天山，多金、玉，有青雄黄。英水出焉，而西南流注于汤谷。有神焉，其状如黄囊，赤如丹火，六足四翼，浑敦无面目，是识歌舞，实为帝江也。"

天山上有许多金属和玉，还有青黑色的雄黄。英水发源于此，向西南流入汤谷。山中有一位神，它的体形像黄色的椭圆皮囊，红如火焰，长着六只脚、四只翅膀，脑袋部位浑沌一团，分不清面目，却会唱歌跳舞，这便是帝江。

在山海王国中最快乐的神兽是谁呢？小藏今天就要知道答案了。

小藏来到一处叫做天山的地方，这里满是金属、玉、青石、雄黄，整座山都被笼罩在一片五彩斑斓的光晕中，而在这些光晕之内，小藏看到了一个黄色的椭圆皮囊，这个皮囊全身赤红如火焰，长有六只脚和四只翅膀，不见面目——这竟是《山海经》中记载的神仙帝江！

为什么小藏会如此惊讶呢？因为这帝江还有一个别名叫做混沌，混沌是什么？混沌就是世界成形之前的样子，据说它虽然没有面目，却通晓世间的一切，还有更夸张的，说其实帝江之神的肚子里还有另一个世界，总之，各种说法众说纷纭，归纳到一起，就是帝江神确实是一位伟大的神明。

靠近帝江，小藏看到，它正愉快地甩动自己的六只脚，挥舞着四只翅膀翩翩起舞，好不快活。除了上述传闻，其实小藏在氏人部落旅行期间，就有听闻过帝江的大名，人们都说帝江是山海王国里的大明星，它擅长歌舞，样貌浑圆可爱，所以所有人都喜欢它，人气非常高。而且十分有趣的是，虽然帝江没有面目，但是却能察觉到小藏的靠近。

它反复询问了三遍，是不是小藏，在小藏连续三次给了帝江正面肯定的回答后，帝江便邀请小藏来一起跳舞。

"可是，我可不擅长舞蹈呀！"小藏婉拒着。

"没关系，你来一起跳就是了！"

就这样，小藏加入了帝江的舞蹈，二者在天山山顶自然地斗起舞来。说来奇怪，本不擅长跳舞的小藏，在帝江的带领下竟跳得有模有样，于是越来越多的人聚在天山之下围观他们的舞蹈，小藏也颇有一种功成名就的感觉。

一曲作罢，休息的空当，小藏询问帝江："你为什么邀请我来跳舞？难道是你能看出我有极佳的舞蹈天赋？"

帝江扭了扭身子，好像在表示否定："没有，我只是邀请了你而已，你能跳得这么好，全是因为你接受了我的邀请。"

小藏没明白帝江的意思，于是帝江又一次对他解释道："是你不顾他人的视线和评价，选择与我一起舞蹈，你的自信就是你魅力的来源！"

听了帝江的话，小藏恍然大悟。同时小藏也意识到，帝江之所以能这么受人欢迎，也正因为它没有面目，听不到别人的评价，看不到他人的脸色，一直以来都能坚持做自己，所以它才既快乐又如此富有魅力呀！

灌

灌 huān

"翼望之山，无草木，多金、玉。有兽焉，其状如狸，一目而三尾，名曰灌，其音如百声，是可以御凶，服之已瘅。"

翼望山中没有草和木，有很多金属和玉，山中的一种野兽，形状像一般的狸猫，但长着一只眼睛和三条尾巴，这种野兽名叫灌。发出的声音好像能赛过一百种动物的鸣叫，饲养它可以辟凶邪之气，人吃了它的肉就能治好黄瘅病。

　　虽然小藏十分享受当众星捧月的明星的感受，但毕竟自己还是一个旅行者，所以他依依不舍地道别帝江，离开天山，又重新踏上自己的旅行。

　　今天的小藏来到了冀望山，令他惊讶的是，这里居然有一种和他十分相似的神兽。

　　当第一次见到谨时，小藏就觉得他们的外表很是相似。巧合的是，谨也这样觉得，于是二者面面相觑，开始了一场找不同的游戏。

　　"我们的外形，都和狸猫很像，但是我是白色的，你是黄色的。"小藏指了指自己又指了指谨。

　　谨点点头，晃了晃身后的尾巴："我们都有长长的尾巴，但是我的三条尾巴都很细，你的两条尾巴却很粗。"

　　小藏又指了指自己的眼睛："我有两只眼睛，你却只有一只眼睛。"

　　这番比较下来，他们忽然又觉得，自己和对方之间，其实也有很多不同的地方。而这种程度却不能让他们彼此都满意，他们想要找到对比对方，自己更有特色的部分。他们又彼此仔仔细细观察，稍后又纷纷自视。

　　"我，冀望山之神兽谨，可以模仿一百种动物的叫声！"

　　"那我，YJGC 星的小藏，可以用齿轮眼到达任何地方！"

　　"我还可以养之辟邪！"

　　"我还可以养之已忧！"

　　这样比较来比较去，反复多次，小藏和谨都感到有些疲惫了。而他们还是感觉，自己和对方十分相似，即使在这些相似中，他们彼此间其实有许多的不同。就这样，小藏和谨找不同的游戏陷入僵局，就在小藏打算放弃比赛时，谨忽然开口补充道：

"其实，我有着'吃了我就能治疗黄疸病'的功能哦。"

"哎呀！那可不行！你是我的好朋友，我可不希望你被人吃掉呀！"

听到小藏这么说，谨感到十分好奇："朋友？我没有想到你会把我当朋友，我以为你看到我们彼此之间有这么多相似的地方，会很讨厌我呢！"

小藏露出惊讶的表情："这怎么会？谁会因为另一个人与自己相像就讨厌对方呀！况且你和我其实完全不一样啊！且不说外在，就连内在也完全不一样！"

"听你这么说，我们不是更合不来了嘛！这怎么会是朋友呢？"

小藏一时间也不知道该如何与谨解释了，因为在他眼中，朋友之间从来不是通过有多少相似之处又有多少不同之处来判断的，真希望谨也能明白这个道理呀。

蛮 蛮

蛮蛮 mán
mán

"崇吾之山……有鸟焉，其状如凫而一翼一目，相得乃飞，名曰蛮蛮，见则天下大水。"

崇吾山中有一种鸟，外表像野鸭，长着一只翅膀和一只眼睛，它必须和另一只相同的鸟合起来才能飞行，这种鸟名叫蛮蛮。它一旦出现，天下就会发生大水灾。

　　小藏有听说过一句诗，念作"在天愿作比翼鸟，在地愿结连理枝"，这句诗形容的是相爱之人感情深厚，生死相随。虽然能够听懂这句诗的意境，可小藏还是不免好奇：比翼鸟是什么？比翼鸟只能在天上相伴相随，却不能在地上傍地而走吗？

　　于是，今天来到崇吾山的小藏并不知道，他的疑问，马上就要有个回答了。

　　崇吾山是一座热闹美丽、适宜游玩的山，漫步于山野，小藏颇有一种遗憾可惜的感觉：这么适合郊游的地方，如果自己是和朋友们一起来的就好了！

　　就在这时，小藏看到一只长着一只翅膀和一只眼睛的鸟站在路旁，它左右张望，似是在寻找什么的样子，它一看见小藏，就张开自己唯一的那只翅膀对小藏打招呼：

　　"嘿！你好！你好！能来帮我个忙吗？"

　　小藏见它一副煞有介事的模样，于是走向它："你好，我是小藏，你想要我做什么？哦，对了，你还没告诉我你的名字，还有你为什么长得这么奇怪？"

　　"你好，我是蛮蛮，如你所见，我们蛮蛮一族生来就长成这副怪模样，而这也正是我需要你帮忙的原因。"

　　于是小藏从蛮蛮那里了解到，山海王国的蛮蛮一族必须与伴侣配对才可以像其他鸟儿那样翱翔天际，可是小藏今天遇到的这位蛮蛮却怎么也找不到能够与自己一起飞翔的另一半，无奈之下，只好求助于刚好路过的小藏，希望小藏能想想办法。

　　小藏一口答应下蛮蛮的请求，决定在山海王国扮演一把媒人，他拍着胸脯对蛮蛮保证，一定能帮它找到合适的另一半！

　　小藏先是找到了一只有两只翅膀的鸟，可是有两只翅膀的鸟儿自己就能飞了，蛮蛮与人家站在一起，倒是显得很多余。小藏又找到了一只有两只脚的鸟，可当蛮蛮与这只鸟站在一起时，加起来也只有一只翅膀，还是谁也都飞不起来。最后小藏找来了一条既没有翅膀也没有脚的蛇，结果这条蛇差点把蛮蛮生吞，小藏和蛮蛮只得赶紧逃跑了。

折腾了一番，小藏和蛮蛮既失落又辛苦，他们气喘吁吁地趴在路旁。忽然，小藏一抬头，却看见一只和身边的蛮蛮一样的只有一只翅膀和一只眼睛的鸟朝他们的方向走来，还没等小藏开口提醒，就见身边的蛮蛮已经从地上站起身。

顺理成章地，二鸟一见钟情，二见倾心，不知不觉地相互靠近，比翼双飞！看着它们紧紧贴在一起飞上云端的样子，小藏忽然意识到，原来后世所说的比翼鸟，就是蛮蛮呀！

小藏刚想上前庆祝蛮蛮找到伴侣，顺利飞翔，忽然一阵大水把小藏卷起，这时小藏才想起来，在《山海经》里记载，蛮蛮是一种出现便会引起大水的神兽，所以小藏只能一边在大水中冲浪，一边感慨：蛮蛮可真是一种幸福自己，苦了他人的情侣神兽呀！

朱厌和萆荔

朱厌 zhū yàn

"小次之山，其上多白玉，其下多赤铜。有兽焉，其状如猿，而白首赤足，名曰朱厌，见则大兵。"

小次山上有许多白玉，山下有许多赤铜。山中有一种外表似猿猴的野兽，白头红脚，这便是朱厌，传说它一出现，天下就会硝烟四起，发生大战。它是兵乱的征兆。

萆荔 bì lì

"小华之山，其草有萆荔，状如乌韭，而生于石上，亦缘木而生，食之已心痛。"

小华山，山中有一种叫萆荔的草，形状如乌韭一般。生长在石头上面，有的也攀援树木生长，吃了它可以治疗心痛的疾病。

　　如我们所知，在现在的山海王国中，曾经那些主宰兵役、战争的神兽，如今的主要工作是调解山海王国人民之间的私人矛盾，但是，是否有谁对此存有不同看法呢？

　　今天的小藏，来到一处叫做小次山的地方，根据《山海经》所记，这里是一个多玉石和赤铜的地方，而最让小藏担忧的，则是听说这里居住着一只一出现就会引起战争的神兽朱厌。

　　小藏并非害怕朱厌，只是他几次见到这种与战争有关的神兽时总是麻烦连连，所以心里很是忐忑。但奇怪的是，眼看着小藏就要穿过这小次山，一路上他却没有遇到任何人、任何兽。小藏心里很是疑惑：莫非这朱厌是出门不在家？

　　虽然没有遇到朱厌，但小藏也不觉得沮丧。他就继续这样在小次山中漫步，晒晒太阳，捡捡玉石，这般清闲宁静，令他心情十分愉快。他一边捡着玉石，一边向前走，捡着捡着，忽然摸到一个毛茸茸的东西，低头一看竟是把自己缩成一团的朱厌！

　　小藏一下子十分慌张，他忙向朱厌道歉说自己无意打扰朱厌的清净，可朱厌倒是对小藏的话不为所动，它依然团缩在地上，甚至蜷缩得更紧了点。

　　朱厌的样子引起小藏的疑惑，而当他靠近朱厌时，却发现朱厌脸上的表情很是难过痛苦：它难道是病了吗？于是小藏翻了翻随身携带的物品，从里面取出一棵叫做"萆荔"的草塞到朱厌的嘴里并告诉它："这是能够治疗心痛的草，虽然不知道你怎么了，但希望你吃了它能好一点。"

　　朱厌干巴巴地嚼了几下，脸上的表情确实也缓和了很多，于是它坐起身将事情的原委告诉小藏：它本是在小次山令人闻之丧胆的凶兽朱厌，可随着山海王国的人越来越热爱和平，摒弃战

争后，它反而成了人人喊打的恶兽，甚至有人认为它是祸患，想除掉它，可是"见则大兵"是它与生俱来的特性，就算人们不喜欢，它又有什么办法呢？所以它只得躲入深山，不再见人。

小藏听了朱厌的遭遇，心里很是同情，但又觉得有些不对劲，于是他询问朱厌道："哎呀，你是不是已经好久没有出去了，所以不知道呀？"

看着朱厌一脸茫然的表情，小藏心里算是有数了。他把山海王国现在的情况讲给朱厌听，告诉了它现在那些见则大兵的神兽们都在做什么，朱厌早就可以离开深山，和山海王国的居民们和平共处啦！

听着小藏的描述，朱厌更觉心痛：哎，都怪自己躲着不见人，竟然错过了这么多消息！

小藏点点头："是啊！这就是及时沟通的重要性！"

耳鼠和飞鼠

耳鼠 ěr shǔ

"丹熏之山，其上多樗柏，其草多韭薤，多丹雘。熏水出焉，而西流注于棠水。有兽焉，其状如鼠，而菟首麋身，其音如獋犬，以其尾飞，名曰耳鼠，食之不睬，又可以御百毒。"

丹熏山上有很多臭椿树和柏树，山中的草多为韭菜和薤菜，山中还有很多可用作颜料的丹雘。熏水发源于此，向西流入棠水。山中有一种野兽，它的形状似老鼠，长着兔子一样的脑袋、麋鹿一样的身体，发出的声音与狗的吠声相似，可以凭借自己的尾巴飞行，这种野兽名叫耳鼠，人吃了它的肉，可以治疗肚子胀大的病，还可以抵御百毒侵害。

飞鼠 fēi shǔ

"天池之山，其上无草木，多文石。有兽焉，其状如兔而鼠首，以其背飞，其名曰飞鼠。"

天池山上不长草木，有许多带有花纹的石头，有一种野兽，外表像兔子，头部像老鼠，能够借助自己的背部飞行，这种野兽就是飞鼠。

虽然称不上神通广大，但小藏确实是万事精通，不管是什么，他都会一点，这或许着实让人羡慕，不过小藏也有完全不擅长的事，例如：小藏并不会飞行，但是小藏对此也毫无办法，毕竟他生来就没有一双能够翱翔天空的翅膀，所以他也从来没奢求过这项技能。

但是，今天的小藏，不管说什么，都得学会飞行了。

理由很简单，这天正往北山前进的小藏，看到两只可爱的神兽正蹲坐在树上玩耍。小藏在树下悄悄地观察它们的模样，认出它们分别是外形像老鼠、头部似兔子、身体似麋鹿的耳鼠和外形像兔子、头部似老鼠的飞鼠，或许是感觉到小藏的视线，耳鼠和飞鼠也一起看向了小藏。就这样，你看我我看你，一来二去的，三者就熟络了起来。

"你看起来像狸，尾巴有两根，脖子上还有鬃毛。"耳鼠说。

"你看起来和我们很像，所以你是如何飞行的呢？"飞鼠问。

小藏对它们摆摆手，然后展开双臂回答它们自己没有翅膀，怎么会飞行呢？

耳鼠和飞鼠都露出不解的表情，就好像在对小藏说飞行为什么需要翅膀一样，而它们之所以会有这种疑惑是因为耳鼠可以靠自己的尾巴飞行，飞鼠则能依靠自己的背部飞行。

无奈之下，小藏只能摸摸自己的齿轮眼对它们说："我虽然可以依靠齿轮眼去往任何地方，但是我的确不能在空中翱翔。"

耳鼠和飞鼠完全不相信小藏的话，它们认为小藏之所以认为自己不会飞，仅仅是因为他没有找到正确飞行的方法。于是它们把小藏拉到树上，分别向他展示起自己的尾巴和后背，并让他学习它们的动作，然后对小藏说："现在你从这里跳下去就好了！"

小藏低头查看高度，虽然说不上有几层楼那么高，但这棵树还是很高的，小藏不认为自己直接跳下去后能安然无恙地落地，于是他再次和耳鼠、飞鼠确认："我真的要从树上跳下去吗？"

　　"当然！因为我们就是这样飞起来的！"

　　看着耳鼠和飞鼠期待的眼神，小藏也不好推脱，他一咬牙一闭眼，腾空而起跳下树梢。

　　"启动吧！齿轮眼！"

　　就这样，因为小藏在空中快速启动了齿轮眼，所以他顺利落到了地上。不过耳鼠和飞鼠倒是并不在意，它们纷纷拍着手也从树上飞了下来，庆贺着小藏学会了飞行。

　　于是耳鼠和飞鼠告诉小藏，仅仅因为他有从树上跳下来的勇气，他就已经掌握了飞行的能力了！

　　小藏听罢也很开心，原来只是换个标准看问题，就能收获不同的风景呀！

驒和嘉果

驒 hún

"太行之山。其首曰归山，其上有金、玉，其下有碧。有兽焉，其状如麢羊而四角，马尾而有距，其名曰驒，善还，其鸣自叫。"

太行山的第一座山名叫归山，山上有金属、玉石，山下有青绿色的玉石。山中有一种野兽，外形像羚羊，却长着马一样的尾巴和鸡一样的爪子，这种野兽叫做驒，善于旋转起舞，发出的叫声便是它自己名字的读音。

嘉果 jiā
果 guǒ

"不周之山，爰有嘉果，其实如桃，其叶如枣，黄华而赤柎，食之不劳。"

不周山这里有一种能结鲜美果实的果树，结出的果实形状像桃，叶子像枣树叶，开黄色的花，长着红色的花萼，人们吃了这种果实，就不会感到疲劳。

小藏总是感觉，山海王国的神兽和居民因为生活安逸，都会是泰然自在的，在想工作的时候工作，在想休息的时候休息，如果不这样，怎么对得起山海王国这片世外桃源的仙境之名？

因此，小藏掂量着自己路过不周山时采摘到的嘉果，不免有些遗憾，这种吃了能够让人不疲劳的果子，恐怕在这趟山海王国的旅程中是派不上用场了。

今天的小藏，一路来到太行山脉，太行山脉长又宽，一眼望不到头。在太行山脉的体系中，它的第一座山便是一座叫做归山的山，这座遍地金属和玉石、地势陡峭的山，激起了小藏极强的挑战欲，他理了理自己的口袋，擦了擦自己的齿轮眼，开始了征服归山的挑战。

然而小藏还是太天真了，他刚刚爬了一半的路程，便已经疲惫不堪了。就在他休息喘息之时，忽然看到一只长着马尾鸡爪的羚羊，一边旋转着一边朝自己的方向过来，好似在跳舞般怡然自得，将小藏的注意力牢牢地吸引住了。

小藏盯着那怪模怪样的羚羊看了好一会儿，才认出那是《山海经》中记载的神兽"驒"。据说驒是一种"善还"的神兽，小藏想这个"还"一定是返还、归还的意思，"善还"则一定是说驒善于翻山越岭，那么如果自己能够和驒结交成为朋友，它一定会帮助自己翻越太行山的！

于是小藏上前拦住了旋转起舞的驒，并且颇为奉承地对驒的舞姿夸赞一番。而驒则被小藏的一番夸奖弄得十分不好意思，于是它停下自己的舞蹈，向小藏表示了感谢，并询问小藏自己能否为小藏做些什么。

小藏顺理成章地说自己想和驒一起旋转舞蹈，因为他心里想的其实是如果骓能带着自己一起舞蹈的话，一定就能顺路带他穿过太行山，这样的旅程既轻松又完整，可谓是一石二鸟！

骓听了小藏的话，更开心了，毕竟在骓听来，小藏是真心喜欢自己的舞蹈。

就这样，小藏与骓相互旋转着跳起舞来，风随舞起，叶随风飞。可小藏却渐渐发现不对：他们已经跳了很久了，怎么却依然站在原地？而且随着舞蹈的时间增加，小藏也越跳越累，最后他实在撑不住了，才连忙叫骓停下来。

小藏快速补充了一口嘉果，让自己的体力稍稍恢复了一些，同时也把自己的疑惑小心翼翼地传达给了骓。这下小藏才知道，原来神兽骓的"善还"的"还"是旋转的意思，骓只是擅长旋转起舞，并不是翻山越岭如履平地呀！

虽然骓并没有很在意，但小藏还是对骓道了歉，因为不管是他最开始赞扬骓的舞蹈，还是后来与骓一起舞蹈，实际上都是出于他想要利用骓的特性才那么做的。听了他的话，骓虽然原谅了小藏，但还是对小藏的行为感到生气，因为朋友之间怎么能互相利用呢？

肥遗和沙棠

肥 féi
遗 yí

"浑夕之山，无草木，多铜玉。嚣水出焉，而西北流注于海。有蛇一首两身，名曰肥遗，见则其国大旱。"

浑夕山中不长草木，有许多铜和玉。嚣水从山中流出，向西注入大海。山中有一种蛇，长着一个头两个身体，这种蛇叫做肥遗，它出现的地方会发生大旱。

也有传说称肥遗是一种黄色的鹌鹑大小的鸟，喙是红色的，据说吃了肥遗能够治病、防止寄生虫。

沙 shā
棠 táng

"昆仑之丘，有木焉，其状如棠，黄华赤实，其味如李而无核，名曰沙棠，可以御水，食之使人不溺。"

昆仑山中有一种树木，形状像棠梨，开黄色的花，结红色的果实，果实的味道如李子一般，没有核，它的名字叫做沙棠，可以用来防水，吃了这种果实，人就不会被淹死。

小藏来到了一座叫做浑夕的山，这个山中四处可见铜矿和玉石，还有一条名叫嚣水的河流从山中流出，一路向西，直奔大海，这本是一座普通的山，但是小藏却隐隐感觉不对，四处查看一番，小藏发现，浑夕山上竟然寸草不生！

山海王国中寸草不生的地方小藏不是没见过，但是明明山中有河流，却依然没有草木生长的地方，放眼山海王国，浑夕山确实是小藏遇到的第一处。因为水是生命之源，凡是有水的地方，就一定会有生命，虽然依据每个地区的特殊环境，所诞生的生命各不相同，但总不该是面前这种光秃秃的模样，再不济也该有些小花小草的吧？

带着心中的疑惑，小藏深入山中，绕过几块巨石，却见一条一头两身的蛇正卧在地上休息。小藏认出，它是《山海经》中记载的神兽肥遗，看到肥遗，小藏心中的问题就被解答了一半了。

如小藏所知，肥遗是一种一出现就会发生大旱的神兽，若是有它在，这浑夕山难怪看不见一草一木，可为什么还会有嚣水呢？小藏猜，一定是因为肥遗虽然是一种能带来大旱的神兽，可嚣水毕竟是属于浑夕山自然界的山川地貌之物，所以才能保持住它原本的形态。

就在小藏原地思考的时候，肥遗从睡梦中缓缓睁开眼。看到肥遗醒来，小藏便想，干脆找肥遗问个明白，证明自己心中的猜想。

"你好，我是正在山海王国旅行的小藏，请问你了解这座山吗？我有一些关于这座山的疑惑想找人打听一下，你有时间吗？"

"嗯，我是肥遗，生在浑夕山长在浑夕山，当然很了解浑夕山，所以你有什么想问的，尽管问好了。"

于是肥遗印证了小藏的猜想：浑夕山不生草木，的确是肥遗"见则大旱"的特性导致的。可是当小藏追问到为什么嚣水却在浑夕山里能够安然无恙时，肥遗却一时支支吾吾不愿回答。任凭小藏使出浑身解数，最终肥遗也没能给出一个明确的答案。

正当小藏已经决定放弃了的时候，他从身上找出一株自己在昆仑山时采到的沙棠，他打趣地把沙棠送给肥遗："这是可以操控水流的植物，吃了它就不会溺水了，不过毕竟你是能够带来大旱的神兽，想必你应该用不上它吧！"

听了小藏的描述，肥遗眼睛一亮，立刻接过沙棠吞了下去。

原来肥遗虽然是能让天下大旱的神兽，却十分害怕水，它活了很久却从未靠近过嚣水，所以小藏猜测，这才是嚣水从未干涸的原因吧。

儵 鱼

儵 tiáo
鱼 yú

"彭水出焉，而西流注于芘湖之水。其中多儵鱼，其状如鸡而赤毛、三尾、六足、四首，其音如鹊，食之可以已忧。"

彭水流出，向西注入芘湖水。水中有很多儵鱼，这种鱼外形像鸡，有着红色的羽毛，有三条尾巴、六只脚、四个头，它的叫声与喜鹊的鸣叫相似，吃了它的肉就能使人无忧无虑。

小藏今天在一条叫做彭水的河中遇到了一只外表非常奇特的鱼类神兽,之所以说它外表奇特,是因为它乍一看去好似一只浑身长满赤红色羽毛的野鸡,但是身后却拖着三条尾巴,除此之外,它还有六只脚、四个头。在小藏看来,最奇特的当属它的叫声,谁能想到,一只外表如此的神兽,叫起来竟如可爱优雅的喜鹊般动听呢?

到这里,小藏忽然察觉出一丝不对劲,山海王国里外表奇特的神兽数不胜数,虽然这只居于水中的神兽的外表确实让他惊讶,但也不至于让小藏如此在意才是。于是他静下心神,清除杂念,终于发现,自己的心中,竟与这只神兽产生出一种极其强烈的共鸣感!

"你好!我是正在山海王国旅行的小藏,请问你是谁呀?"

听到小藏的问话,四个头一起看向小藏,四张嘴一起打开:"我的名字是儵鱼。"

这种感觉让小藏感到十分新奇,虽然他还有许多好奇的事想询问,但现在那股自他心底喷涌而出的共鸣感,才是当下首先要解决的问题,于是他询问儵鱼:"当你看到我的时候,有没有一种特殊的感觉呢?"

四个头你看看我,我看看你,似是有话要说。

看几个头这副模样,小藏愈发好奇起来。于是在他的追问下,儵鱼终于告诉他,自己早听说了小藏正在山海王国旅行的事,也有听说小藏其实和皇城的守护神兽朏朏有关系,所以小藏感受到的那份"特殊的感觉"很有可能正是来源于他和朏朏之间的关系。

儵鱼解释得不清不楚,加之它的四个头总是同时发言,小藏反而有些糊涂了："这是在说什么？我怎么完全听不懂了？"

见小藏一脸茫然，鯈鱼的四个头才安静下来一齐看向小藏："哦，我是说，因为小藏你和有着'养之已忧'功效的朏朏是同族，所以会对同样有'已忧'能力的我有共鸣感。"

"原来是这样，那既然你也有'已忧'的特性，为什么你要自己生活在这里，而不是居住在人们的家里呢？"

一瞬间，鯈鱼的四个头都忧郁了起来："因为我不像小藏和朏朏你们那样，是'养之已忧'的神兽，只要养在家中就可以了，我啊，必须得被'食之'才能'已忧'啊！如果是被人吃掉才能帮助别人的话，我宁可所有人每天都不开心，也不要被吃掉呀！"

白鵺

白 bái
鵺 yè

"单张之山……有鸟焉，其状如雉，而文首、白翼、黄足，名曰白鵺，食之已嗌痛，可以已癒。"

单张山中有一种鸟，形状似野鸡，头上有花纹，长着白色的翅膀、黄色的脚，这种鸟名叫白鵺，人吃了它的肉，可以治疗咽喉肿痛，还可以治疗癫狂症。

前一天，小藏认识了"食之已忧"的儵鱼，小藏这才想到在山海王国中，许多神兽都是必须要被吃掉才能发挥它们的功效。想到这里，小藏摇摇头连声感慨：想不到山海王国这么一个地方，也只是看似和平，其实还是颇为残忍的啊！

而今天来到单张山的小藏，将见识到另一种必须"食之"才能发挥功效的神兽的生存方法。

单张山是一个没有草木、一目了然的地方，远远地朝单张山的方向稍稍打量一眼，就能看到一只有着白色的翅膀、黄色的双足，头上有花纹，外形似野鸡的神兽站在山坡上，小藏见那神兽时不时地看看天，又时不时地瞧瞧地，一副正在等人的样子，便凑上去与之攀谈。

"你好！我是小藏！"

"你好，我是白鵺。"

超出小藏想象的是，他本以为这只神兽会颇为凶猛，可实际上白鵺却十分温和。这样的态度让小藏更加大胆起来，他进一步朝白鵺靠近，忽然注意到白鵺爪子上的指甲似乎格外长，这让小藏很是好奇，于是他索性继续询问白鵺。

"你的指甲是刻意留这么长的吗？"

白鵺对小藏的提问表示了肯定，并告诉他，自己之所以把爪子留这么长并不是为了捕猎，而是为了与山海王国里的人们交易。白鵺的身体组织，具有吃了便可以治疗咽喉肿痛和癫狂症的效果，在过去人们为了制药，曾大量捕杀白鵺。但到了现在，因为山海王国已不再是那样的蛮荒之地了，所以人们想到了新的办法，他们与白鵺协商，人们定期来到单张山收集白鵺多余的指甲用于制药，相应地，人们则会为白鵺提供丰富美味的食物。

听到这，小藏大概明白了："原来如此，所以今天是交易的日子吗？我注意到你好像一直在寻找等待什么的样子。"

　　白鵺点点头，同时它邀请小藏与它一起等待即将来单张山交易的居民们，小藏答应了白鵺的邀请并与它一同享用了一顿氏人部落的美食。

　　就这样，小藏一边享用着美食一边在心里思考着：白鵺可真厉害，对比其他需要"食之"才能发挥功效的神兽们，它没有选择逃避，而是勇敢积极地面对困境，并最终得到了一个圆满的结果，小藏可不知道，如果自己面临和白鵺相同的处境，会不会也会这么勇敢呢？

狍 鸮

狍鸮

páo

xiāo

"钩吾之山，其上多玉，其下多铜。有兽焉，其状如羊身人面，其目在腋下，虎齿人爪，其音如婴儿，名曰狍鸮，是食人。"

钩吾山上有许多玉，山下有许多铜。山中有一种野兽，长着羊的身体、人的面孔，它的眼睛在腋窝下，有着像老虎的牙齿、像人的指掌，发出的声音像婴儿的哭啼声，它的名字是狍鸮，能够吃人。

狍鸮即凶兽饕餮。

其实在山海王国中一直有这样一个谣传：据说在山海王国中最凶的神兽不是那林氏部落的穷奇，而是这氏人部落的狍鸮。

已经游历过大半个山海王国的小藏自然也是有听过这个谣传的，虽然他也不清楚这个谣传的依据和可信度，但至少他清楚一件事，那就是居住在钩吾山的狍鸮，绝对不是什么好惹的神兽。

于是，今天终于来到钩吾山的小藏可以说是非常害怕的，如果可以的话，他真的想直接启动齿轮眼翻过这座山，可他又不愿违背自己的原则，所以他只能看着满山的玉石铜器，硬着头皮也得上了。

小藏小心地穿行于钩吾山中，他盯着山上的铜器，发现所有的铜器上都刻着一张怪物的脸孔。经过仔细辨认，他认出，这铜器上雕刻的竟然就是传说中的神兽狍鸮！意识到这件事的小藏，总有一种不管他走到钩吾山中的什么地方，都有一双狍鸮的眼睛死死地盯着自己的感觉。

然而，越是担心害怕，越是事与愿违，正当小藏谨慎地与那些铜器保持着距离时，忽然，一阵婴儿啼哭的声音传入他的耳朵。小藏忽感大事不妙，结果还没来得及确认发生了什么，就见一只外表似羊，长着人的脸和手，抬起胳膊露出腋下的眼睛，张开嘴巴露出一颗颗虎齿的怪物赫然出现在自己面前——这就是传说中的大凶之兽狍鸮！

看到狍鸮，小藏吓得几乎愣在原地，而且此刻的小藏大概是已经完全被吓傻了，他甚至下意识地抬起手对着狍鸮打了个招呼，然而还没等他开口自我介绍，就见狍鸮张着血盆大口朝自己扑来。

"启动吧！齿轮眼！"

小藏凭着肌肉记忆快速启动齿轮眼躲过了狍鸮的攻击，而不知道是不是错觉，小藏总觉得狍鸮看自己的眼神里多出了一分赞许和欣赏，于是小藏鼓足勇气对狍鸮喊道："怎么样！现在可以放弃攻击我了吧！"

狍鸮大笑一声："不可能！你越是这样，我就越要把你抓来，这样我就能变得更强了！"

话音未落，狍鸮又对着小藏展开了新一轮的攻击。虽然小藏可以依靠齿轮眼躲开狍鸮的攻击，可这样缠斗，总不是个办法。情急之下，小藏忽然想起山海王国中关于狍鸮和穷奇谁更强的谣传，于是小藏立刻对狍鸮说："我认输！你可以把我抓起来吃了，但是我有一个条件！"

"说来听听？我考虑考虑。"

"再怎么说，我小藏也是名震天下的守护神兽胐胐的同族，所以只有山海王国里最厉害的神兽才有资格吃掉我！"

狍鸮装模作样地左右瞧了瞧："最厉害的神兽？那不就是狍鸮我吗？"

"当然不是，我听说林氏部落的穷奇可要比你强上百倍！"

"我明白了，我只要打败那个穷奇就行了对吧？"

狍鸮说完，立刻就跑下了钩吾山，小藏原地望着它朝林氏部落的方向而去，便迅速离开了这里。

孟槐和文茎

孟槐 mèng huái

"谯明之山……有兽焉，其状如貙而赤豪，其音如榴榴，名曰孟槐，可以御凶。"

谯明山中有一种野兽，体形像豪猪，长着赤红色的毛，发出的声音像是猫的叫声，这种兽名叫孟槐，能够用来抵御凶险。

文茎 wén jīng

"符禺之山，其上有木焉，名曰文茎，其实如枣，可以已聋。"

符禺山，山上有一种树，名叫文茎，结的果实像枣，吃了它可以治疗耳聋。

虽然平安穿过了钩吾山，可小藏还是有些不放心，他在走路时一步三回头，因为他实在是担忧狍鸮会不会追上他，把他抓起来吃了。于是小藏就怀揣着这份担忧之情，进入了谯明山，谯明山潮湿多树，为小藏的逃亡之路增添了几分遮掩，也让小藏悬着的心稍稍放下几分。

就在小藏刚刚放下心来打算喘口气的空当，忽然一声猫叫打破了这份宁静，把小藏吓得直接从地上跳起来，却发现发出猫叫的竟是一只浑身长满红色长毛的豪猪。

"救……救命啊！"刚刚经历过狍鸮之恐怖的小藏吓得连连后退。

而那只豪猪似乎也被小藏的反应惊吓到了一样，呆呆地愣在原地，过了半晌才对小藏说："不要怕，我又不会对你怎么样。"

小藏依然与豪猪保持着一定的距离，做出一副随时要跑的架势再次确认："你真的不会？"

"我真的不会。"这豪猪的脾气倒是很好，即使被小藏怀疑，也没有一丝一毫要生气的意思，它只是温和地看着小藏。

就这样，在豪猪的注视下，小藏终于放下心来，将自己在钩吾山里经历的事告诉了豪猪。

听了小藏的描述，豪猪自信对小藏保证道："放心交给我吧！我一定能保护你顺利摆脱狍鸮！因为我可是山海王国中能够抵御一切凶险的神兽孟槐啊！"

孟槐这样说着，取出一颗看起来像枣一样的果实递给小藏，要小藏吃下去。当小藏询问这果实是什么时，孟槐则告诉他，这是产自符禺之山上的文茎的果实，这种果实吃下去可以治疗耳聋，也可以提高听力。那狍鸮的叫声如同婴儿，虽然孟槐也会提

高警惕，但因为他还要担当护送和引路的工作，所以小藏可要好好听着周围的动静。

"孟槐大哥，那你要带我去哪里呀？"小藏吃下文茎后询问。

"当然是带你去氏人部落的神仙们那里了！"孟槐说完，便走在前面为小藏引路，"虽然现在有我同行，可以帮你抵御凶险，但毕竟我不能一直陪着你，所以我想那些神仙们一定会有办法帮你的。"

回味着孟槐的话，看着孟槐走在前面的身姿，小藏心里顿时觉得十分感激。于是他急忙跟上孟槐，一边道谢一边继续旅行，同时也在心中感叹：山海王国还是善良的人、善良的兽更多呀！

滑鱼、何罗鱼和器酸

滑鱼 huá yú

"滑水出焉，而西流注于诸之水。其中多滑鱼，其状如鳝，赤背，其音如梧，食之已疣。"

滑水向西流入诸水。滑水中有很多滑鱼，形状如鳝鱼，背部呈红色，发出的声音如琴声一般，人吃了它可以治疗瘊子。

何罗鱼 hé luó yú

"谯水出焉，西流注于河。其中多何罗之鱼，一首而十身，其音如吠犬，食之已痈。"

谯水向西流入黄河。水中有很多何罗鱼，这种鱼长着一个头、十个身子，发出的声音像狗吠声，人们吃了何罗鱼的肉可以治疗痈肿。

器酸

qì suān

"咸山，条菅之水出焉，而西南流注于长泽。其中多器酸，三岁一成，食之已疠。"

咸山，条菅水发源于此，向西南流入长泽。水中有很多器酸，它三年才成熟一次，吃了它能治疗恶疮。

　　在孟槐的帮助下，小藏顺利穿过谯明山，来到一处水源充沛的地方，只见这里流淌出三条不同的河流，它们虽然发源地各不相同，但所有的水都是一路向西流的。小藏回忆着孟槐为他留下的建议，心说，只要再确认三样东西，就知道自己是不是快要到达氐人部落的神仙们居住的地方了。

　　在这里，小藏首先要确认的，是河水中是否能看到一种奇怪的滑鱼，那种滑鱼的体形看起来像鳝鱼，背部是红色的，它最明显的特征，则是叫声如同悠扬的琴声，这其实不难，小藏只需耳听八方，寻得一缕音符，便可确认滑鱼是否在这附近。

　　接着小藏要确认的第二件事，便是河水中是否能找到何罗鱼，何罗鱼的叫声和狗的叫声很像，要在野外想挑战寻找狗叫还是颇具难度的。好在何罗鱼的外观要比滑鱼奇特的多，据说，何罗鱼是一种长有一个头却连着十个身体的怪鱼。小藏想，如果自己见到这样的怪鱼，想必到时候一眼就能把它认出来。

　　小藏第三件要确认的事，就是寻找一种叫做器酸的植物，这个东西才是这三样事物里最难确认的，因为在《山海经》中并没有关于器酸这种东西外表上的描写，而一路护送自己的孟槐也告诉小藏，它并没有亲眼见过器酸，所以自然也帮不上小藏什么忙了。

　　虽然要找到这三样东西着实不是个轻松的事，何况小藏和狍鸮之间的事，还没有个明确的解决，但或许是小藏本身的性格加之山海王国的大好风景所致，此时此刻的小藏倒是一点也不着急，一点也不紧张。他慢悠悠地欣赏着风景，呼吸着空气，听到哪里有琴声就朝哪走两步，听到哪里有犬吠就朝哪走两步，这样兜兜转转地，不知不觉，小藏来到一处湖泊，湖中同时传来动听

的琴声和热闹的犬吠。

听到这，小藏忙跑到湖边，正看见和描述中一样的滑鱼和何罗鱼都在湖中畅游着，当小藏向它们问好时，它们便齐声向小藏问好，一时间小藏感觉自己好像正置身于一个坐满了狗的剧场中欣赏一场交响乐。

总之，在确认了滑鱼和何罗鱼都在这里后，小藏又询问它们是否知道这里有一种叫做器酸的植物，水中的何罗鱼告诉小藏："器酸？不就是你身后的那棵树吗？"

于是小藏回过头，看到一棵似是与其他树木不太相同的树。

"你为什么能确定它就是器酸？"小藏问。

"我当然能确认，因为器酸是一种三年才成熟的树，我都在这生活一辈子了，自然对这种植物格外难忘。"何罗鱼回答。

就这样，小藏顺利来到了氏人部落神仙们居住的地方。

氏人人物

精卫 jīng wèi

"发鸠之山，其上多柘木。有鸟焉，其状如鸟、文首、白喙、赤足，名曰精卫，其鸣自詨。是炎帝之少女，名曰女娃。女娃游于东海，溺而不返，故为精卫，常衔西山之木石，以堙于东海。"

发鸠山的山上有许多柘树，山上有一种鸟，形状似乌鸦，有着带花纹的脑袋，白色的嘴，红色的脚，这个鸟就是精卫，它的叫声便是自己的名字。精卫原是炎帝的小女儿，叫做女娃。女娃在东海游玩时，不慎溺入海中，再也没有回来，死后化为精卫，常衔来西山的树枝和石子，意欲将东海填平。

炎帝 yán dì

《易 系辞下》："包牺氏没，神农氏作，斫木为耜，揉木为耒，耒耨之利，以教天下。"

伏羲氏寿终正寝后，神农氏兴起，神农氏砍削树木做梨，揉弯木头做梨柄，这种农具能够更快地除草，他将这个方法传授给天下。

禺䝞 yú hào

"东海之渚中，有神，人面鸟身，珥两黄蛇，践两黄蛇，名曰禺䝞。黄帝生禺䝞，禺䝞生禺京。禺京处北海，禺䝞处东海，是惟海神。"

东海的小岛上有位神，长着人面鸟身，用两条黄蛇作耳饰，脚下踩着两条黄蛇，这位神名叫禺䝞。黄帝生了禺䝞，禺䝞生了禺京。禺京住在北海，禺䝞住在东海，他们都是海神。

共工 gòng gōng

《神异经》："西北荒有人焉，人面朱发，蛇身人手足，而食五谷禽兽。贪恶愚顽，名曰共工。"

在西北方的大荒有一个人，这个人长着朱红色的头发，蛇的身体，人的手足，以五谷禽兽为食，贪婪邪恶愚蠢顽固，名为共工。

听訞 tīng yāo

"炎帝之妻、赤水之子听訞生炎居，炎居生节并，节并生戏器，戏器生祝融。祝融降处于江水，生共工。共工生术器，术器首方颠，是复土穰，以处江水。共工生后土，后土生噎鸣，噎鸣生岁十有二。"

炎帝的妻子、赤水的女儿听訞生了炎居，炎居生了节并，节并生了戏器，戏器生了祝融。祝融被放逐到了长江岸边，生下了水神共工。共工生了术器，术器的脑袋呈方形，他最早通过翻耕土地的方法使农作物丰收，并到长江岸边居住。共工生了后土，后土生了噎鸣，噎鸣把一年划分为十二个月。

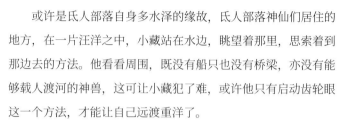

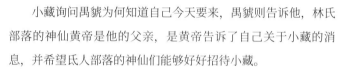

或许是氐人部落自身多水泽的缘故，氐人部落神仙们居住的地方，在一片汪洋之中，小藏站在水边，眺望着那里，思索着到那边去的方法。他看看周围，既没有船只也没有桥梁，亦没有能够载人渡河的神兽，这可让小藏犯了难，或许他只有启动齿轮眼这一个方法，才能让自己远渡重洋了。

就在小藏犹豫不定时，他面前的海水忽然朝两侧齐刷刷地分开，为小藏创造了一条直接通向对岸的小路，而在小路的尽头小藏还能看到有一个人站在那里！只见那个人有着鸟的身体、人的面孔，耳朵上挂着两条黄蛇，脚下还踩着两条黄蛇。

虽然小藏并不认识对方，但小藏能感觉到对方对自己并无恶意，便大着胆子走上这条由海水分开而成的小路，来到了神仙们居住的小岛。到了对岸后，小藏也和这个迎接他的鸟身人面神认识了，原来他是氐人部落的海神禺𤭖，是专门来这里迎接小藏的。

小藏询问禺𤭖为何知道自己今天要来，禺𤭖则告诉他，林氏部落的神仙黄帝是他的父亲，是黄帝告诉了自己关于小藏的消息，并希望氐人部落的神仙们能够好好招待小藏。

小藏听后十分惊讶，没想到黄帝竟然如此帮助自己，不过比起惊讶，小藏心里更多的是兴奋，因为氐人部落是山海王国的美食之乡，单是氐人部落凡间的食物就足够美味了，到了这仙界，小藏对这里的食物已经是迫不及待想去尝尝了。

禺𤭖看出了小藏的愿望，便直接带领小藏，来到了一个宴会厅，几位神仙围坐在桌旁，禺𤭖为小藏介绍道，这几位神仙是炎帝及他的家人：炎帝的妻子听訞，炎帝的女儿精卫以及炎帝的玄孙共工。

于是，小藏在宴席上吃了个痛快，同时由于炎帝的热情好客，小藏也在这里感受到一种浓厚且温馨的家庭氛围。小藏偷偷观察着炎帝一家的诸位神仙，他看到，共工是这几位神仙中脾气最为暴躁的一个，看似娇小的精卫，性格却十分强硬，正因如此，共工和精卫几乎可以就任何事情发生争执，听訞则总在精卫和共工争吵时默默站在一边，露出神秘的笑容，看起来既美丽又危险。

　　而炎帝本人，则是这一家人中最为随和善良天真烂漫的那个了，在小藏享用完各种餐品后，他还送给小藏一把药草。一开始，小藏还有些畏惧，但是炎帝则耐心地教导小藏如何"品尝百草"，小藏有模有样地学会后，惊讶地发现，原来草药也可以这么好吃呀！

厌火部落

位于山海王国正南的是崇山峻岭中的厌火部落，包括《山海经》之《东山经》《南山经》所记载的地理范围。

厌火部落属"火"，代表五行之"火"的凤凰是这里的守护神兽。

厌火部落的居民貌似猿猴，皮肤黝黑如炭，以擅长喷火的绝技蜚声山海王国。

虽然厌火部落常年火光满城，但是在守护神兽凤凰的庇护下从未引起过火灾，整个厌火部落井然有序，天下太平。

当康

当 dāng

康 kāng

"钦山……有兽焉。其状如豚而有牙,其名曰当康,其鸣自叫,见则天下大穰。"

在钦山有一种野兽,它的外表像长着獠牙的猪,名字是当康,它的叫声就是自己的名字,它一出现,天下就会大丰收。

第一次听到厌火部落的名字时，小藏就意识到，这一定是一个与火有关的部落。而想到与火有关，小藏自然地就以为这里应该是一个难以依靠种植收获食物的地方。因此，当小藏进入厌火部落，看到厌火部落的钦山正在进行农田的收割时，实在是惊掉了下巴！

于是，喜欢热闹的小藏也跟着加入了采摘作物的劳动里。就在这时，小藏忽然看到一只小猪一边"当康当康"地叫着，一边朝农田的方向走过来，就在小藏好奇之时，其他看到当康的人们却纷纷露出喜悦之情。

"太好啦！是当康来了！今年一定是个丰收之年！"

到这里，小藏忽然想起，在他读过的《山海经》中的确有提到过一只能够带来丰收的瑞兽当康，据说当康的外表看起来像一只长有獠牙的猪，它总是"当康、当康"地叫着，于是人们就为它起名为"当康"。在小藏的想象里，当康总是一只体型健硕、高大威猛的长牙野猪，但当今天他第一次亲眼见到当康时，才发现原来当康竟然这么可爱。

于是小藏就这么加入了人们欢迎当康的队伍中，人们将收获的第一批作物加工成让人垂涎三尺的美食，毕恭毕敬地献给了跳着舞的当康。当康看到食物，也停下了舞蹈，只见它愉快地将所有食物吃干抹净后，对着人们轻轻鞠了一躬，便返回了它走出来的山中，见此，小藏也放下手中的农活，跑向山中，追上了当康。

"你好，当康！我是来自 YJGC 星的旅行者小藏，很高兴认识你！"

"YJGC 星？那是哪里？那里有什么美味的东西吗？"

当康一边说着，一边在小藏身边嗅来嗅去。

小藏告诉当康 YJGC 星是他的故乡，那里离山海王国非常遥远，但是也有许多不输给山海王国的美味佳肴。

当康听了小藏的描述后点点头："嗯，我能闻得出来，你说的 YJGC 星一定非常遥远。"

原来，当康的嗅觉对美食的味道非常灵敏，它能够仅仅闻小藏的味道，就能判断出 YJGC 星的大致方位和距离。不过因为 YJGC 星实在是太远了，所以当康对于那里方位的判断，还是有些模糊的。但在山海王国里就不一样了，当康告诉小藏，它能够在作物丰收之前就闻到哪里的粮食又多又美味，所以当它闻到哪里有作物即将成熟，就会早早地去到那里等待食物丰收。

听了当康的话，小藏忍不住陷入思考，当康是因为能够判断哪里的作物收成较好，所以才被当作丰收的象征，那么究竟是当康带来了丰收、还是丰收引来了当康呢？

蜚和桢木

蜚 fěi

"太山，上多金玉，桢木。有兽焉，其状如牛而白首，一目而蛇尾，其名曰蜚，行水则竭，行草则死，见则天下大疫。"

太山上有很多金属、玉和女贞树。山中有一种野兽，外形似牛，有着白色的头，它有一只眼睛、和蛇一样的尾巴，这种野兽叫做蜚，当蜚进入水中时，水源会立即干涸；当它进入草丛时，草会立即枯死。它出现的地方都会发生大的灾难。

桢木 zhēn mù

"太山，上多金玉、桢木。"

太山的山上有很多金属和玉，还长有许多女贞树。

在山海王国中，有的神兽过得快活潇洒，有的神兽过得宁静自得，它们都依靠自己神奇的特性在山海王国中过着自己的生活。然而，在山海王国里，同样有着厌恶自己能力的神兽，对其他神兽来说神奇的特性和能力，对它们来说却是生活中最大的阻碍。

说来小藏这天来到太山，一眼望去，太山上没有河水也几乎没有草木生长，虽然金属和玉石将太山装点得十分美丽，但依然掩盖不了这里的荒凉，而最衬得太山荒凉的风景，则是山上有几棵孤独的树，树下卧着一头牛，那牛趴卧在原地，不进食也不饮水，仅仅是一动也不动地晒着太阳，吹着风，虽然看起来很是自在，但小藏却从那头牛的身上感受到一股前所未有的悲伤。

于是他尝试靠近那头牛，发现这不仅仅是一头简单的牛，而是有着蛇形的尾巴和一只眼睛的山海王国神兽——蜚。小藏有听说过关于蜚的记录，它是厌火部落有名的凶兽，据说只要它走到水中，水便会干涸，只要它进入草丛，草就会枯死，而如果它前往了有人居住的地方，那里就会闹瘟疫！可谓是真正的大凶之兽了。

可令小藏不解的是，眼下，这头震山海王国内外的凶兽蜚却在悲伤地哭泣。

"蜚啊，蜚啊，你为什么会如此难过呢？"

小藏忍不住询问它，而面对小藏的提问，蜚首先做的，则是立刻与小藏拉开距离，小藏注意到，在蜚后退的这几步路里，它脚下的土地裂开深深的沟壑，土地上勉强生长出的嫩芽也随之完全枯死。

于是蜚忍不住低下头，看起来既失落又可怜："你也看到了，只要我靠近水源，水就会干涸，只要我靠近植物，植物就会枯死，哪怕我只是待在原地，也会引发灾祸。因为我凶厄的体质，我的身边既不会有朋友，也没有任何地方会欢迎我，只能永远地、孤零零地待在这里，哪里也不能去。"

小藏听着蜚的话，不免感到一阵心酸，因为他清楚，蜚这些恐怖的特性并非它拼命追求的，而是与生俱来的，就像人不能选择自己的出身，亦不能改变自己的天赋一样悲伤无力，于是小藏思考了一番后对蜚说："这样吧！我来和你做朋友！"

"那你不担心我身上的灾祸影响到你吗？"

小藏笑了笑："怕什么！我可是养之已忧的神兽小藏，而且我还认识很多厉害的神兽和神仙，有我们帮助你，这些事总会得到解决的，毕竟事在人为！而且你看，就算你的特质非常凶厄，可你身边的桢木却始终伴你左右。你瞧，我们这不就已经找到一个不畏惧你特性的树了吗！所以不要担心，努力去做，一切都会迎刃而解的！"

鲐鲐鱼和杞

鲐鲐鱼

gé
gé
yú

"跂踵之山……有水焉，广员四十里，皆涌，其名曰深泽，其中多蠵龟。有鱼焉，其状如鲤。而六足鸟尾，名曰鲐鲐之鱼，其名自詨。"

跂踵山上有一汪名为深泽的水潭，这方水潭方圆四十里，水流上下涌动，水中有很多蠵龟。水中有一种怪鱼，身子虽像鲤鱼，但长着六只脚和鸟类的尾巴。这种鱼的叫声如同"鲐鲐"二字，所以将其命名为鲐鲐鱼。

杞 qǐ

"虖勺之山，其上多梓柟，其下多荆杞。"

虖勺山，山上到处是梓树和楠木，山下长着很多枸杞。

　　小藏路过一个叫做跂踵山的地方。当小藏刚刚路过这里时，就不由得对这里有一种奇怪的感觉，毕竟，他还记得自己在皇城部落时，有接触过一只叫做跂踵的神兽，那只神兽的实力非常强大，它去了哪里，哪里就会发生大规模的病疫。所以当小藏看到一座山也叫这个名字时，难免生出好奇：这叫做跂踵的山，和那只叫做跂踵的神兽之间有什么关系？

　　带着这样的疑惑，小藏进入跂踵山，沿着山路而上，发现跂踵山虽然幅员辽阔，但是却没有草木生长，只有一块块玉石裸露在山体表面，眼前这份荒凉之景，更给了小藏一种这座山一定和能够招来病疫的神兽跂踵有关的感觉。

　　于是小藏继续前进，又在山中走了一段距离后，忽然发现在跂踵山中有一处神奇的被称为深泽的水潭，深泽方圆四十里，一眼望不到头。当小藏朝深泽中看去时，能够发现其深处一片漆黑，深不见底，加之泽中潭水不停歇地上下涌动，小藏真的感觉这里可怕极了。

　　而就在此刻，小藏突然听到从水潭深处传来一阵细微的声响。当小藏屏息凝神仔细倾听时，倒听出那阵细微的声响似是有人发出"鮯鮯、鮯鮯"的呼唤声，小藏虽然不知道这个词的意思，但是他感觉，这声音就像是有什么人在水底深处溺水时发出的求救声般。

　　想到这里，小藏立刻对着深泽大声呼喊："有人吗？""你在哪里？""你溺水了吗？"

　　然而回答他的只有接连不断的"鮯鮯"声。

　　面对这种情况，小藏更加确信这声音的主人定是在潭水底下溺水了。因此，他也来不及多想，直接从口袋中取出一种叫做荆

杞的植物。这种植物是他在虔勺时采摘的，不过这种植物并没有什么治疗疾病或者缓解饥饿等功能，但是它却足够长且坚韧。虽然现在的荆杞上还留有许多尚未经过处理的钩刺，但人命关天，小藏想不了那么多，直接将荆杞一头握在手里，一头抛入水中对着水中大喊："来！抓住这根绳子！"

"鮯鮯，鮯鮯。"

虽然荆杞的另一端还没有被什么东西抓住的重量感，但小藏听见"鮯鮯"的声音离水面越来越近了，他离岸边很近，等待着到底会有什么东西会从深泽中钻出来，说时迟那时快，只见一条长着六只脚和鸟尾的鲤鱼从水中窜了出来，那鱼一边发出"鮯鮯"的叫声，一边用尾巴拍了小藏一脸的水。

这时小藏才看清，原来这就是深泽中的鮯鮯鱼啊！

介绍

儵蛹和朱獳

儵 tiáo
蛹 yóng

“独山……末涂之水出焉，而东南流注于沔，其中多儵蛹，其状如黄蛇，鱼翼，出入有光，见则其邑大旱。”

末涂水发源于独山，向东南流入沔水，水中有许多儵蛹，它们形状似黄色的蛇，长着鱼一样的鳍，从水中穿梭出入时，身上闪闪发光，它在哪里出现，哪里就会有大旱灾发生。

朱 zhū
獳 nòu

“耿山……有兽焉，其状如狐而鱼翼，其名曰朱獳，其鸣自詨，见则其国有恐。”

耿山中有一种兽，形状与狐狸相似，身上有鱼一样的鳍，这种兽名叫朱獳，发出的叫声像是在呼叫自己的名字。它一出现就会有令人恐慌的事情发生。

　　预言，就是对未来将会发生的事进行预知的语言，在崇尚科学的世界里，预言通常被归类为一种感觉，即通过对细节的观察，根据经验或知识，依据观察的结果对未来进行预测的感觉。小藏一直是崇尚科学的，他相信，所有尚且无法解释之事，都只是科学技术目前能力不足罢了，所以他相信所有的预言，都有其逻辑依据，而非空穴来风。他的这一观念，哪怕是到了神奇的山海王国中，也没有改变。

　　所以今天来到耿山的小藏非常不开心。

　　事情是这样的，耿山这里虽然荒凉空旷，但是却有不少水晶，所以小藏的心情本来还算愉悦的。而就在这时，一只长着鱼鳍的狐狸不知道从哪里钻了出来，它先是自我介绍道他的名字是朱獳，接着它上下打量小藏一番后，忽然发出一阵不怀好意的笑声。

　　"小东西，你是谁？要去哪里？"他询问小藏。

　　小藏虽然心里觉得朱獳很是可疑，但还是老实回答道："我是小藏，正在山海王国旅行。"

　　听到小藏的回答，朱獳又是几声偷笑："那你的运气可真差，因为这里马上就要有恐怖的事情发生咯！"

　　说完，朱獳还没等小藏上前问个清楚，就立刻跑走了。

　　小藏并不在意这种莫名其妙的话，他继续前行。

　　小藏行进在山中的石子路上，不知不觉，他发现自己已经穿过耿山来到了独山，这一路什么恐怖怪事都没有发生，所以小藏更加确信，之前朱獳说的话，就是为了吓唬自己的恶作剧！

　　就在这时，一道亮光晃入小藏的眼睛，虽然这光不如太阳那么明亮，但也足够让小藏眯着眼睛才能继续前进了。小藏一路朝发光的地方走去，发现自己来到一条河边，他朝水中望去，看到一群身上长有鱼鳍的黄蛇正在水中穿梭游动，当它们出入水中时，身上则发出漂亮的光。

小藏不由自主地赞美起这些美丽神兽，而水中的神兽似乎听到了小藏的赞美，便也停下游动与小藏交谈起来。

"你好，我们是儵鳙。"

"你们好，我是小藏，哎呀，你们游动的姿态真是太美了，如蛇一般迅捷优雅，还会在出入水面时发出光彩！"

"可别奉承我们了，我们发光可不是为了好看，而是为了提醒附近的人们马上就要发生旱灾了。"

小藏恍然大悟，原来朱獳说的恐怖的事，是指儵鳙要来了呀！

精精和婕胡

精精 jīng
jīng

"蛕隅之山……有兽焉，其状如牛而马尾，名曰精精，其鸣自詨。"

蛕隅山中有一种兽，它的形状与牛相似，却长着马一样的尾巴，这种兽名叫精精，它发出的叫声像是在自呼其名。

婕 yuàn
胡 hú

"尸胡之山……有兽焉，其状如麋而鱼目，名曰婕胡，其鸣自詨。"

尸胡山中有一种野兽，形状与麋鹿相似，长着鱼一样的眼睛，这种兽名叫婕胡，它发出的叫声像是在自呼其名。

今天的小藏路过踇隅山和尸胡山之间，抬头望去，只见踇隅山上生长着各式各样的草木还有美丽的玉石和金矿，在朝另一侧望去，能看见尸胡山上同样又许多玉石和金矿，山下还有着茂密的酸枣树，走在这两座山之间，只感觉两边金光闪烁，交相辉映，富丽堂皇，小藏的心情好极了。

就在这时，小藏听到两座山上传来了两只神兽的叫声。

"精精精精！""娑胡娑胡！""精精精精！""娑胡娑胡！"

它们各自重复着同样的单词，小藏在原地听了半天，也没听出个所以然。于是他索性抬头循声而望，正看得左边的踇隅山上，有一只长着马的尾巴，外形却和牛相近的神兽一直在"精精精精"地叫着，而在另一边的尸胡山上，则有一只外形与麋鹿相似，眼睛却和鱼眼很像的神兽在不停地"娑胡娑胡"地啼叫。

这让小藏好奇极了，因为他实在想不通它们在彼此交谈着什么，于是他便先向踇隅山上的那个搭话："你好，我是小藏，能告诉我你们在说什么吗？"

"精精！精精！"

接着小藏又去问尸胡山上的那个："你好，我是小藏，能告诉我你们在说什么吗？"

"娑胡娑胡！"

这两只神兽都丝毫没有想要理会小藏的意思，于是小藏思索着，最后他观察它们的模样，也学着它们的姿势站在下方对着它们喊道："小藏小藏！"

听到小藏的声音，两只神兽才终于停止了叫唤，它们一齐低下头看向他，一阵可怕的沉默瞬间在两座山之间蔓延开来。小藏被盯得很不自在，他来回搓着手，跺着脚，眼神也左右闪躲着。

终于，在不知沉默了多久后，蹄隅山上的才开口询问小藏：

"怎么？你不是要加入我们的比赛吗？"

"比赛？"小藏愣住了，反应了一会儿才继续问，"我，加入？"

"对啊，你不是都已经参加了吗？我们还等着你继续发言呢！"尸胡山上的补充。

原来这两个神兽分别叫做精精和竖胡，因为它们的叫声就是自己的名字，而且彼此又住得很近，所以它们经常会在一起比较谁的叫声更好听，谁的名字更好听，小藏听着它们讲述彼此之间的故事，觉得山海王国真是有趣啊。

獙 獙

獙 bì
獙 bì

"姑逢之山，无草木，多金玉。有兽焉，其状如狐而有翼，其音如鸿雁，其名曰獙獙，见则天下大旱。"

姑逢山上没有草和树，有许多金和玉。山中有一种兽，它的体形像狐狸，身上生有翅膀，叫声似大雁的鸣叫声，这种兽名叫獙獙，只要它一出现，天下就会发生大旱灾。

如小藏所知，山海王国中曾经也发生过许多壮烈悲惨的故事，其中"大禹治水"的事迹不仅在山海王国中一直为人所津津乐道，还流传到了其他地方，化为遥远古老的传说故事。于是，这就不得不提到另一个人了，在山海王国，人人都记得他，那就是大禹的父亲——鲧。

小藏在这一日来到了姑逢山，这座山也没有什么草木生长，倒是玉石金矿遍地都有。小藏正在这里一如往常般行走着，忽然听到一声凄厉如鸿雁的啼叫声，他抬头一看，却见一只长着翅膀狐狸正端坐在山崖上。

想到这里是姑逢山，又看到那狐狸的长相，小藏便猜出，那是《山海经》中记载的神兽獙獙，据说是此神兽一出现就会带来旱灾。想到獙獙生活在这里，小藏便也就猜出了为什么姑逢山上没有草木了，可是獙獙究竟为什么要叫得如此凄厉悲凉呢？难道是它有什么伤心事？

小藏如此思考着，便也如此这么问了，獙獙低头看了一眼小藏，又发出一声叹息："哎，我好伤心，因为我作为獙獙，明明有一对翅膀，却永远无法飞出姑逢山。"

这实在是很奇怪，小藏想到自己之前的旅行，于是询问獙獙，难道它是因为必须要有相配的同伴才能飞，还是因为它一旦飞起来便会惹出祸端所以不愿飞？

獙獙摇摇头，回答小藏："遥想当年大禹之父鲧，因治水失败被杀，但由于他对治水一事充满执念，所以他的一缕元灵幻化为拥有大旱神通的獙獙，也就是我。在大禹治水时，我也利用这份神通协助大禹治水，而待天下太平后，这份神通便成了对人间有害的能力，我也被当作凶兽封印于此，无法离开。"

小藏听后，为獭獭感到不平，因为它本无害人之意，怎么能因为其有着带来大旱的能力就将其关押于此呢？

　　獭獭反倒对此不甚在意，它只是又发出一声哀叹，向小藏倾诉道："如今的我，并不怀念曾经自由的生活。只是，虽然我并非鲧本人，但因为我继承了他的情感和记忆，所以我十分挂念他的儿子大禹，想知道他现在生活如何，当然我也非常好奇，如今治水成功的山海王国是什么样子。"

　　于是小藏对獭獭说："我虽然还没见过大禹，但是我可以将我在山海王国旅行时见到的事情告诉你！"

　　就这样，小藏为獭獭讲述了自己旅行中的见闻，獭獭也放下了对山海王国未来的担忧，默默地返回姑逢山深处。

珠鳖鱼

珠 zhū
鳖 biē
鱼 yú

"葛山之首，无草木。澧水出焉，东流注于余泽，其中多珠鳖鱼，其状如肺而有目，六足，有珠，其味酸甘，食之无疠。"

葛山的首端，没有草木。澧水发源于这里，向东流入余泽，水中有很多珠鳖鱼，它形状如肺，长着四只眼睛，六只脚，体内有珠子，这种鱼味道酸甜，人吃了它就不会感染瘟疫。

小藏在山海王国旅行到现在，见到的、认识的、交朋友的神兽数不胜数，虽然在《山海经》的描述中，这些神兽全都长得奇特恐怖，可当小藏实际见到它们时，却感觉它们其实可爱又美丽，一点也不吓人。因此小藏便认为，在这山海王国中所有的生命都是和谐的好看的，哪怕是那些被称作怪物的神兽，也仅是因为它们性格凶暴罢了。

可小藏没想到的是，当他来到葛山的时候，竟然真的会被一只神兽的外貌所震惊到。

小藏这天来到葛山，在葛山有一条向东流淌的河流叫做澧水，轻轻朝水中一瞧，只见水中有许多造型别致的鱼，这些鱼外表看起来像人类的肺脏，每条鱼都长着四只眼睛和六只脚，它们随着水流漂浮游荡，看起来就像许多肺脏拥挤在水中一样，这场景，真的让小藏感到浑身不自在。

于是小藏加快脚步，只想赶紧从这个地方离开，他一路顺着澧水继续向前，却看到许多人蹲守在澧水旁，这景象让他想到之前那些守在巴蛇身边的医师们。但仔细一瞧，现在聚在澧水旁的都是些普通的平民百姓，于是小藏便也凑了上去，想看看人们究竟在做什么。

他挤到人群中，发现人们都蹲在水边，手中则端着一个小小的容器，容器中盛着圆滚滚亮晶晶的珍珠，小藏忍不住好奇：那是什么东西？是澧水中的产物吗？怎么自己从来没见过。

于是他上前询问："你们好，我是小藏，请问大家聚集在这里是有什么事情吗？"

"你好，小藏，我们是澧水附近的居民，我们聚集在这里是因为这些珠蟞鱼。"

听着人们的话，小藏忍不住想，他们所说的珠蟞鱼不会是水中那些像肺一样的鱼吧？

"珠蟞鱼？就是这种外表像肺的鱼吗？"

"是的，它们外表像肺，体内却有一种神奇的珍珠，它们每年的这个时候都会聚集到澧水旁，将体内的珍珠吐纳给水边的人，人只要吃了这个珍珠就可以不感染瘟疫。"

小藏听后大吃一惊，这丑陋的鱼居然还有这种功效，他不免为自己先前对这些鱼的评价感到羞愧。而最让他羞愧的莫过于，这些鱼不仅有着非常实用、强大的功效，最重要的是它们还有着非常高尚的奉献精神，小藏忍不住感慨：真不该以貌取鱼啊！

鮪

鮪 wěi

"孟子之山，其木多梓桐，多桃李，其草多菌蒲，其兽多麋鹿。是山也，广员百里。其上有水出焉，名曰碧阳，其中多鳢鮪。"

方圆百里的孟子山上，梓桐、桃李还有菌蒲相互掩映，麋鹿在山间嬉闹。碧阳水从山中流出，水中多鳢鱼和鮪鱼，三五成群，嬉戏往来。

小藏今天来到一个叫做孟子山的地方，他觉得这个地方十分神奇，因为众所周知，在这个世界上真的有一位有名的儒学思想家就叫做孟子，虽然不知道这个世界是先有孟子山，还是先有孟子。小藏漫步于山野中，欣赏着山上的梓桐、桃李还有菌蒲交相呼应，观察着可爱的麋鹿在山间嬉戏玩耍，倒颇有一种穿越了时间，不分过去与未来的永恒之感。

小藏注意到，这里还有一条叫做碧阳的美丽河流，他随意地站在湖边看着水中的鳣鱼和鮪鱼，三五成群，嬉戏往来，一切的一切更使得孟子山增添了几分童话的色彩。

大概是注意到了正站在水边欣赏风景的小藏，鮪鱼们朝小藏的方向游了过来。

它们好奇地询问小藏："你为什么一直盯着我们看呢？"

小藏愉快地回答它们："失礼了，先自我介绍一下，我的名字是小藏，是山海王国里的一名旅行者，我之所以一直盯着你们看，是因为你们实在太美啦！"

小藏的话引起了鮪鱼们的疑惑，它们互相查看彼此的样子，露出满脸不解的神情："美？我们哪里美了？"

于是小藏也站起身，伸长了手臂，学着鮪鱼游动的样子，回答道："你们有长长的鼻子，还有浅色的身子，而且和其他的鱼最不同的地方是，你们身上没有任何鳞片！"

听了小藏的回答，鮪鱼们却露出不开心的表情："在你的描述里，我们听起来又愚蠢又丑陋。"

"才不是那样！正因为你们的特点，当你们在水中漫溯游弋时，就像河中的浪花！你们真该来我这里看看！"

或许是小藏急忙解释的样子太好笑了，又或许是小藏的解释说服了鲔鱼们，总之，在它们听了小藏的描述后，纷纷快活地笑了起来，然后又化作"水中的浪花"奔流而去了。

望着它们离开的背影，感受着周围生机勃勃的气氛，小藏站在这样一个时间与空间都显得有些模糊的地方，不由得在心里猜想：这些鲔鱼游动的前方并不是下一座山、下一条河，甚至不是无边无际的大海，而是充满希望与生机的未来吧！

延 展

- 郭璞解释说："鲔即鳣（音寻）也，似鳝而长鼻，体无鳞甲。"鲔是一种鲟鱼，外形像鳝鱼，但长着一个长长的鼻部，这类鱼身上并没有鳞片。现多认为鲔为白鲟的古称，白鲟又名中国剑鱼，有"水中大熊猫"之称。

凤凰和祝馀

凤凰 fèng huáng

"丹穴之山……有鸟焉，其状如鸡，五采而文，名曰凤凰，首文曰德，翼文曰义，背文曰礼，膺文曰仁，腹文曰信。是鸟也，饮食自然，自歌自舞，见则天下安宁。"

丹穴山中有一种鸟，外表似鸡，身上有五彩斑斓的羽毛，这种鸟叫做凤凰。凤凰的头、翅膀、背、胸、腹部的花纹分别是"德、义、礼、仁、信"字样。这种鸟，吃喝自然从容，经常边唱边舞，它一出现天下就会太平。

祝馀 zhù yú

"招摇之山，有草焉，其状如韭而青华，其名曰祝馀，食之不饥。"

招摇山中有一种草，形状像韭菜，开青色的花，名字叫祝馀，人吃了它，就不会感到饥饿。

　　小藏跟随着鲔鱼们游动的方向，一路顺流而下，来到了厌火部落的南边。在这里他见到的第一座山便是丹穴山，丹穴山上的一切似乎都是丹朱色的，这里有丹朱色的金属、丹朱色的玉石，在小藏看来，就连这里流淌出的丹水也是丹朱色的。

　　忽然，走在丹穴山里的小藏听到一阵美妙的歌声，他仰头看去，只见一只浑身五彩的鸟儿从山中飞了出来，小藏注意到那鸟儿身形巨大，闪亮的火焰在其身上蔓延成花纹，其头部、翅膀、背、胸、腹分别燃烧着"德、义、礼、仁、信"的纹样，熟悉《山海经》和山海王国的小藏一眼认出，这便是传说中厌火部落的守护神兽凤凰！

　　那凤凰一边飞舞一边啼鸣，态度从容自若，美不胜收，小藏则被这从未见过的景象震撼到一整个愣在原地，以至于都没有注意到凤凰飞舞时，点燃的丹穴山上的火焰，只见那火焰从丹穴山自上蔓延而下，待小藏回过神来，那火已经烧到自己尾巴尖了。

　　小藏吓得连忙大喊："啊！着火啦！着火啦！救命呀！"可同时他也注意到另一件事，那就是这些烧在他尾巴上的火焰，居然完全不烫，而且也没有把他的尾巴烧秃，除了小藏刚刚自己扑腾的几下拔掉的毛之外，这火焰竟然未伤他一丝一毫？

　　于是，小藏这才反应过来："这难道是传说中凤凰御火的能力？"

　　也就在这个时候，好像是听到了小藏刚刚的求救声，美丽端庄的凤凰从天而降，它回答小藏："是的，我不仅可以御火，而且我身上燃烧的火焰还有着治愈伤口的效果。"

　　凤凰说着将自己的一根羽毛赠予了小藏，它希望这羽毛可以保护小藏在山海王国接下来的旅途中能够一路平安。

小藏收下了羽毛，但是并没有立刻与凤凰道别。因为他认为，任何关系中，都必须礼尚往来才称得上公平，于是他从自己的口袋中，掏出一棵名为祝馀的草，这种草外表像韭菜，其中开着青色的花朵，小藏说这种草非常神奇，只要吃了就不会饥饿。

　　凤凰并没有推脱，它收下小藏的礼物，看起来非常开心。原来，常年位居高位，雍容华贵的凤凰，因为自身实力强大、无人能及，已经很多年没有收到过来自他人的礼物了，它轻声对小藏道谢。

　　就这样，小藏和凤凰成了无话不说的好朋友。

蛊 雕

蛊雕 gǔ diāo

"鹿吴之山，上无草木，多金石。泽更之水出焉，而南流注于滂水。水有兽焉，名曰蛊雕，其状如雕而有角，其音如婴儿之音，是食人。"

鹿吴山上没有草木，有许多金属和石头。泽更水发源于此，向南流入滂水。水中有一种兽，名叫蛊雕，体形像雕，头上长着角，发音像婴儿哭啼，会吃人。

告别了凤凰，小藏来到鹿吾山。这又是一座没有草木生长的山，山上都是金属和石头，在太阳的照射下，小藏踩在上面都觉得很是发烫，不过好在有凤凰的庇佑，小藏虽然知道那些石头是烫的，踩在上面时却只觉得温暖，这可真是神奇。

于是小藏就这样，沿着一条名叫泽更的河流一路向南，来到了涝水附近，正当小藏打算渡河时，他忽然听到水中隐隐约约有一阵婴儿的啜泣声传来。

听到婴儿的哭声，小藏下意识想到：难道是有婴儿在这里落水了？可是，小藏又想到在山海王国，许多食人的凶兽，都会模仿婴儿的叫声来欺骗路人，它们用婴儿的哭声，把担心婴儿的善良的人们骗来，然后再将他们吃掉，实在是非常可怕。

于是小藏一时拿不定主意了，他担心那婴儿的哭声是怪物伪装的，又担心是真的有婴儿在此遇险，思量再三，随着婴儿的哭声越来越大，小藏下定决心打算前往哭声的源头处找找看。毕竟，如果真是怪物，他还可以用自己的齿轮眼逃跑！

善良的小藏就这样，快速追寻着哭声的位置，来到水边，这里除了巨石和金属，什么都没有，可是那哭声依然在自己附近持续不断地萦绕着，小藏仔细听着，最后发现那哭声的源头竟然在河水中央？

顾不得那么多，担心婴儿落水的小藏快速跑到水边，结果他刚一靠近，就见一只外形像雕，头上有角的兽从水中窜出。

听着这怪物的声音，小藏回忆着《山海经》中的记载，小藏认出，那发出婴儿叫声的，正是眼前这只凶兽——蛊雕！

"嘤——嘤——让我看看今天吃的是谁！"

"嘤——嘤——这毛茸茸白花花的小动物是什么？"

"嘤——嘤——不管是什么，我都要吃掉你啦！"

蛊雕一边喊着一边朝小藏的方向袭来，好在小藏随身携带的凤凰羽毛及时燃起火焰，挡住了蛊雕的攻击，为小藏创造了逃跑的时间，小藏才成功启动齿轮眼，逃到了一处四周无人的地方。

虽然经历了这样一场逃亡，小藏感到有一丝丝紧张，而且小藏再次确认了，在山海王国里越是凶恶的野兽，叫声越像可爱的婴儿，可小藏想，不管多少次面对这个情况，他都会选择去查看是否真的是婴儿在求救，虽然略显笨拙，但这大概就是他善良的本性吧。

狌狌和无名木

狌 xīng
狌 xīng

"招摇之山……有兽焉，其状如禺而白耳，伏行人走，其名曰狌狌，食之善走。"

在招摇山有一种野兽，它的外表像猕猴，长着白色的耳朵，能够趴着身子走路，也能像人一样直立行走，这种野兽叫做狌狌，人如果吃了它的肉，就能跑得更快。

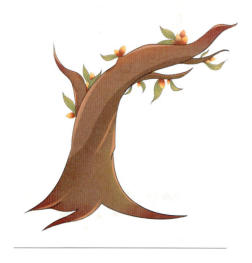

无 wú
名 míng
木 mù

"北号之山，有木焉，其状如杨，赤华，其实如枣而无核，其味酸甘，食之不疟。"

北号山中有一种树木，形状像杨树，开红色花朵，果实与枣相似，但里面没有核，味道酸甜，人们食用它就不会患疟疾。

　　所有人都知道，小藏来自一个叫做 YJGC 的星球，但是当他来到山海王国旅行时，却是一个人来的，那么这让人不免有一个疑惑：小藏在 YJGC 星里是否有着自己的家人朋友呢？每当有人向小藏提出这个问题时，小藏就会变得支支吾吾起来，他说自己当然也有自己的家人和朋友。而如果有人继续追问，为什么他是一个人来山海王国时，小藏便只能说，因为他的亲人和朋友们都太忙了。这让小藏显得有些可怜，可是如果谁真的对小藏表现出同情的话，他一定会反驳：他就是喜欢一个人旅行，一个人看风景，一个人交朋友。通常到了这个时候，因为大多数的神兽也都和小藏一样，独自生活在一座山、一条河中，于是也就无话可说了。所以今天遇到的神兽，确实有些特殊了。

　　小藏今天来到来招摇山，一进山，就出现了一群白面黑颊，外形似猿，像人一样走路的神兽，这些神兽拦住小藏。

　　小藏十分害怕，他故作镇定地询问它们："你，你们是谁！要做什么！"

　　这些似猿又似人的神兽似乎看出了小藏的害怕，于是它们便没再上前，而是直接对小藏说："我们是狌狌，是《山海经》中记载的第一神兽！是山海王国里货真价实的大明星！"

　　小藏更加不解："那你们拦住我做什么？我只是一个在山海王国独自旅行的小藏！"同时他左右打量着这些狌狌，心里更多的是害怕，难道这些狌狌要仗着自己的身份向路过招摇山的小藏收过路费？还是有什么其他目的？

　　狌狌们对小藏露出一个阴险的笑容：

　　"说到我们的目的，当然是……"

　　"当然是？"

"当然是宴请每一个来招摇山的人啦！"

原来，在狌狌们眼中，来到招摇山，才算是来到山海王国，所以作为招摇山的主人狌狌，有责任给每一个来山海王国的人留下热情好客的好印象才行。

于是小藏便参加了狌狌们举办的宴会，在宴会上，狌狌们送给小藏许多味道酸甜的果实。而当小藏询问这是什么东西的果实时，狌狌们却回答不知道，于是它们只好给这个果实取名为无名木之果。

就这样，小藏和狌狌们一起度过了一段愉快的时光。同时他也对狌狌们坦白，自己在 YJGC 星也有一群可以称之为家人的人们，但因为大家总是很忙，所以很少会聚在一起。虽然它们也很关心、爱护自己，但几乎从不陪伴自己，因此他一直感觉那些人不是自己真正的家人。

听到这里，狌狌们则告诉他，家人的形式有很多种，有像它们这种互相陪伴的，也有像小藏的家人那种少言寡语的，因为家人之间最重要的是彼此之间的包容和爱。

猼訑

猼訑 bó yí

"基山，其阳多玉，其阴多怪木。有兽焉，其状如羊，九尾四耳，其目在背，其名曰猼訑，佩之不畏。"

基山的阳面有许多玉，阴面有许多怪异的树。基山中有一种野兽，外表似羊，有九条尾巴和四只耳朵，眼睛长在背上，这种兽叫做猼訑，人如果披上它的皮，就会无所畏惧。

　　小藏今天来到了一个叫做基山的地方，在基山的阳面，有许多是美丽的玉石，而在基山的阴面，则有许多形状奇怪诡异的树木。小藏行走在这树木之间，心里琢磨着它们怎么会长成这个样子，心里十分害怕。就在这时，一阵阴凉的清风吹过，树上的叶子随着这风纷飞起舞。小藏却被一下子吓到了，他急忙闭上了眼睛，蜷缩在原地，待风停了才敢张开眼睛。

　　而张开眼睛后看到的第一幕，几乎把小藏吓得直接晕过去。

　　他看到了什么？

　　他竟然看到一只有着九条尾巴、四个耳朵的羊出现在自己面前，最可怕的是，这只羊的眼睛长在它的背部，看起来十分诡异。

　　如果是以前的小藏，在看到这样的场景后一定会吓得立刻逃跑，但现在的小藏已经有一定的成长了。所以他虽然害怕，但是却没有逃跑的意思，而是鼓足勇气询问这只羊："你好，我是正在山海王国旅行的小藏，请问你是谁？"

　　这只羊好像被小藏的态度取悦到一般笑了起来："太好了，终于遇到一个不怕我的了，你好，小藏，我是猼訑，是来帮助你的！"

　　"帮助我？"小藏很疑惑，"帮助我什么？"

　　于是猼訑对小藏解释道：因为基山多怪木，人们都不敢来这里，而自己的皮毛有抵御恐惧的效果，所以它常常在这里观察人类，每当看到路过的旅人在山中行走感到害怕时，它便会主动跳出来想要帮助大家。谁知道，每个人见到它后，都被它奇特的外貌所震惊，反而更害怕直接逃走了。

　　小藏听完猼訑的描述，觉得它又善良又可怜，很想帮助它，于是他想了想说："这样吧！你陪我穿过基山，等我离开后一定逢人便说你的好！这样一传十十传百，很快大家就会知道在基山里居住着一只善良的猰貐这件事了！"

猰貐听后，觉得这是一个好办法，便一路护送着小藏离开了基山。

在和猰貐道别后，小藏也确实如他所说，来到附近的村落，和人们讲述者猰貐的故事。人们听后很是惊讶，原来他们一直以为在山中突然出现的猰貐是想攻击他们哩！

就这样，从基山下的第一个村庄开始，猰貐的本性被一传十、十传百地传开了，人们再也不害怕基山中的怪木，而猰貐也因此结交了更多的朋友。看到猰貐开心的样子，小藏也放下心来，离开了这里。

颙和芑

颙 yú

"令丘之山，无草木，多火。其南有谷焉，曰中谷，条风自是出。有鸟焉，其状如枭，人面四目而有耳，其名曰颙，其鸣自号也，见则天下大旱。"

令丘山上没有草木，到处都是燃烧的火，南边有一个山谷，名叫中谷，东北风就从这里吹出。山中有一种鸟，形状像猫头鹰，长着人一样的脸，有四只眼睛，有耳朵，名字叫颙，它发出的声音就像在喊自己的名字，它只要一出现，天下就会大旱。

芑 qǐ

"东始之山，上多苍玉。有木焉，其状如杨而赤理，其汁如血，不实，其名曰芑，可以服马。"

东始山上有很多青玉，山中有一种树，形状与杨树相似，长着红色的纹理，树的汁液像血，（这种树）不结果实，它的名字叫芑，可以用它的汁液来使马驯服。

　　令丘山实在是一座奇怪的山，虽然小藏已经在山海王国中去过很多地方了，但当他来到令丘山时还是忍不住感慨，这里的确是他来过的最奇特的地方。

　　小藏站在令丘山脚下，放眼望去，令丘山上无草无木，却处处燃烧着野火。回想起当时自己见到毕方的地方，小藏立刻猜到，这里一定藏着什么异兽！

　　经过一番仔细的搜索，小藏终于在一处由巨石搭建的窝棚里找到了一只长着人一样的脸、四只眼睛还有耳朵的猫头鹰，而这只猫头鹰此刻不知道在吃着什么，只见它的嘴边、爪子上都猩红一片，像是沾满了鲜血般可怕。

　　看到这样的情况，小藏心中顿时感到不妙，他连忙想要逃跑，却听那猫头鹰慢悠悠地开口："我是居住在令丘山能够招致大旱的凶兽颙，你是谁啊？"

　　"我，我是正在山海王国旅行的小藏！"

　　"你为什么这么怕我？"

　　颙说着张开翅膀，这让它看起来更可怕了，不过小藏能够感觉到对方并没有攻击自己的意思。于是小藏仔细观察对方，发现颙的外形和自己在皇城见过的跂踵很是相似。

　　"真奇怪，好像在山海王国里看到的猫头鹰形状的鸟类，全都是凶兽呢！"小藏忽然说。

　　"那是当然啦，因为在人类看来我们很恐怖呢。"

　　"除了能带来灾祸之外，还有哪些恐怖之处呢？"

　　"我想想……嗯，我们昼伏夜出，叫声恐怖，又总在墓地荆棘里活动。哦，还有非常喜欢吃芑。"颙说着对着小藏抛出一块木板，这块木板上有红色的纹理，小藏轻轻掰开木板，只见红色如血的液体从里面流出来。于是小藏认出，颙的嘴边和爪子上沾染的其实不是血而是树汁呀。见小藏没有说话，颙继续说："总之，因为我们的习性，久而久之，就被人类当作能够连接阴间，又凶狠强悍的恶兽了。"颙无奈地摇摇头，"可其实大多数的猫头鹰都是益鸟，昼伏夜出是因为夜里猫头鹰的眼睛看得更清楚，常在墓地活动是因为夜里那里的老鼠更多罢了。"

小藏感慨："看来要真正了解一个人、一件事，还是得实际接触才行，而不能光听流言呢！哦，对了，那你知道为什么这座山里终年燃烧着野火吗？"

这次颙则摇摇头："这座山自古就是这个样子了，毕竟这里可是山海王国啊！"

类

类 lèi

"亶爰之山，多水，无草木，不可以上。有兽焉，其状如狸而有髦，其名曰类，自为牝牡，食者不妒。"

亶爰山中多水，没有草木，人们不能攀登这座山。山里有一种兽，形状长得像山猫，头上有发，这种兽叫做类，它一身兼有雌雄两性，人吃了它的肉，就不会嫉妒。

　　小藏来到了亶爰山，这座山里有许多水泽、渊潭，却没有草木生长，而且这座山高耸入云，山崖垂直陡峭，想要攀爬上去，着实需要些技巧。不过，小藏毕竟是受到过骓吾庇佑的，只见他身轻如燕，三下五除二地就爬上了亶爰山，而在这里他遇到了一群有趣的神兽。

　　它们是一群外形像山猫、头上生有人类一样头发的神兽——类，它们和谐友爱、不分彼此地生活在一起，在见到小藏后也对他十分热情友好。

　　"你们好，我是正在山海王国旅行的小藏！"

　　在小藏与它们打过招呼后，它们便一齐上前把小藏簇拥在中央，它们抚摸着小藏的头，就像抚摸自己的孩子般怜爱，最终得出结论："嗯，小藏你果然和我们是同类。"

　　这个结论令小藏很震惊，因为他明明记得，自己和皇城部落的守护神兽朏朏是同族才对。于是类向他解释道：它们类是不分雌雄也从不嫉妒的神兽，小藏同样不具备性别，而且永远快乐没有忧愁，理所当然地与它们是同类才对。

　　不顾小藏的反对，这些类们就自然而然地把小藏当作自己的孩子来照顾了，就这样，小藏在类的族群里度过了一段美好的时光。

　　然而小藏的旅程还是在继续的，于是这天，他打包好自己的行囊与类们道别：

　　"呼，休息够了，这段时间谢谢你们的照顾，我该继续出发了！"

　　类们听了小藏的话纷纷露出不舍的表情："孩子呀，和我们在一起生活不开心吗？为什么还要离开呢？"

其实小藏在这段时间里，也是非常开心的，于是他再一次对类表示感谢："和大家一起生活非常开心！你们对我无微不至的照顾和关怀让我感觉非常温暖，可是我不能永远生活在你们的保护下！我有我必须要做的事！"

类们面面相觑，看起来仍然不愿意小藏离开。

"外面的世界既危险又孤独，你真的要离开我们吗？"

"即使危险又孤独，那也是我自己的故事呀！"小藏转了转自己的齿轮眼："因为我是爱冒险爱探索、永远对世界充满好奇与未知的小藏嘛！"

就这样，小藏离开了亶爰山，或许在某些时候，小藏还是会回忆起自己和类们生活在一起的时间。然而，就像孩子不可能永远生活在父母的保护下一样，小藏并不后悔自己离开了它们，因为类们分享给自己的关爱，已经足够支撑他面对任何困难，而和类一起生活的这段回忆，将永远化作小藏继续前进的动力。

旋龟和白䓞

旋龟 xuán guī

"枏阳之山……怪水出焉，而东流注于宪翼之水。其中多玄龟，其状如龟而鸟首虺尾，其名曰旋龟，其音如判木，佩之不聋，可以为底。"

怪水发源于枏阳山，往东流注入宪翼水。水中多产黑红色的乌龟，形状像普通乌龟，却长着鸟的头和毒蛇样的尖锐的尾巴，它的名字叫旋龟，它的声音像解剖木头，佩戴了它可以使耳朵不聋，还可以医治足底老茧。

白䓞 bái jiù

"仑者之山，有木焉，其状如榖而赤理，其汗如漆，其味如饴，食者不饥，可以释劳，其名曰白䓞，可以血玉。"

仑者山，山中生长着一种树，形状像构树，树身有红色的纹理，从枝干流出的汁液如漆一般，味道像糖一般甜蜜，吃了它就不觉得饥饿，还能解除疲劳，此树叫作白䓞，可以用它给玉染色。

　　当小藏穿行于枏阳山里时，总能听到这座山中不断传出有人解剖木头的声音，这声音从早到晚一刻不停，直扰得小藏心神不宁，难以入睡，已经连续失眠好些天了。

　　失眠的直接结果就是使小藏的脾气变得愈发暴躁了起来，在又一个不眠之夜后，小藏终于忍无可忍："我一定要找到是什么东西一直在吵！"

　　于是，小藏循声而去，最终找到了一群外表像乌龟、头像鸟、尾巴像蛇的神兽正在水中玩闹，小藏猜测，那解剖木头的声音就是这些神兽发出来的，因为当他一靠近它们，就感觉自己仿佛置身于一个大型木材加工厂，解剖木桶的声音从上到下从左到右，一刻不停地响着。

　　这份吵闹，让小藏难受地捂住耳朵，而那些神兽们像是注意不到这件事一样，它们看见了小藏，依次主动向小藏打起招呼：

　　"咔咔咔，你好，我们是旋龟，咔咔咔！"

　　小藏虚弱地回应它们的招手，一边自我介绍一边走向它们："你们好……我叫小藏……那个，这座山里一直传来的剖木声，是你们发出来的吗？"

　　"咔咔咔，是这个声音吗？咔咔咔，这确实是我们旋龟的叫声哦！"

　　旋龟们说罢又叫了起来，这让小藏所在的"木材加工厂"更加吵闹了起来，小藏的头也跟着疼了起来，于是他请求道："那个……你们能不能小声一点，或者，安静一会儿……实不相瞒，因为你们的叫声，这些天我一直都没睡好……"

　　旋龟们看着小藏憔悴的模样，就像是真的感觉到愧疚一般，霎时安静了不少。它们互相看了看，然后潜到水底，在这难得的一丝安静中，小藏终于得以休息一会儿。然而很快，这些旋龟们便带着一个空了的蜕壳浮上水面。

"咔咔咔，既然如此，我们就把我们蜕下的甲壳和这块白莟木送给你吧！"

虽然又被旋龟们吵到几分，不过相比之前，现在的旋龟已经安静多了，于是小藏接过甲壳和白莟木问道："你们为什么要送我这两样东西，它们有什么神奇的功效吗？"

于是旋龟们回答："咔咔咔！佩戴我们的甲壳有着不耳聋和治疗足底老茧的功效，而吃了这白莟木则有着不饥饿还能缓解疲劳的功效，所以你只要搭配着使用这两样东西，不管我们有多吵，你的听力都不会出问题，身体也不会因为失眠而疲劳啦，还能缓解足部疲劳呢！咔咔咔！"

哎，看来得走快一点了，小藏在心里叹气。

鹿蜀和迷穀

鹿蜀 lù shǔ

"枏阳之山……有兽焉，其状如马而白首，其文如虎而赤尾，其音如谣，其名曰鹿蜀，佩之宜子孙。"

枏阳山有一种兽，体形像马，脑袋是白的，身上的斑纹像老虎，红色的尾巴，鸣叫的声音像人歌吟，它的名字叫鹿蜀，佩戴它的毛皮可以使子孙繁衍。

迷穀 mí gǔ

"招摇之山，有木焉，其状如穀而黑理，其华四照，其名曰迷穀，佩之不迷。"

招摇山中长有一种树，它的形状像构树，树上有黑色的纹理，开的花能发光，可以照亮四周，它的名字叫迷穀，把它佩戴在身上就不会迷路。

从旋龟那里得到了两样宝贝后，小藏继续在杻阳山中行走，虽然他依然被旋龟们的叫声扰得头痛失眠，但他确实身体并不疲惫，耳朵也不疼痛了。就这样，随着旋龟的叫声越来越小，小藏隐隐约约听到，杻阳山中似乎传来一阵歌唱吟诵的声音，非常悦耳，在动听的歌谣声中，已经好些天没睡好的小藏就这样渐渐陷入了梦乡。

在半梦半醒中，小藏朦朦胧胧地看见一只美丽灵动又庄严圣洁的神兽正站在自己面前。这神兽外表像马，头是白色的，尾巴是红色的，斑纹和老虎一样，最神奇的是，小藏听到的那优美的吟唱，正是这神兽哼出的歌谣。

大概是看到小藏已经睡醒，神兽对小藏露出微笑，小藏只感觉自己沐浴在这份笑意中，身子飘忽忽暖烘烘的。

"你好呀，小朋友。"神兽温和地与小藏搭话。

"你好，不过我不是小朋友，而是小藏。"

"哈哈，好的，小藏，告诉我，你怎么一个人在这里？"

于是小藏从地上爬了起来，他虽然不知道面前的神兽是谁，但是不由自主地，就把自己一路旅行的经历讲给它听。

小藏不知道自己说了多久，但这神兽不急也不恼，就这么默默地听着。当小藏全部讲完后，这神兽才点点头说："原来如此，真是辛苦你了，既然如此，你愿意同我一起走吗？"

到这里，小藏才忽然发现，自己连面前这神兽是谁还不知道呢！

似是看出了小藏的疑虑，这只神兽补充道："不要怕，小藏，我是居住在杻阳山喜欢小孩子的神兽鹿蜀。"

小藏似懂非懂地点点头："我知道了，鹿蜀，可是你要带我去哪里呢？"

"我要带你穿过柤阳山呀，不然，你知道如何从这里走出去吗？"

小藏先是摇摇头，因为他确实不认识这里的路，但接着小藏又点点头："我虽然不认识路，但是我有可以去任何地方的齿轮眼！不过我愿意与你一起走，因为我想与你交朋友！"

鹿蜀点点头，然后将一种奇怪的草递给小藏，这种草身上布满黑色的纹理，开的花则发出耀眼的光芒，鹿蜀告诉小藏，这种草叫迷穀，具有佩戴了就不迷路的功能，在山海王国，每个小孩子都会有一棵自己的迷穀草，只要有了这个，小藏就再也不怕迷路了。

灌灌和赤鱬

灌灌 guàn
guàn

"青丘之山……有鸟焉，其状如鸠，其音若呵，名曰灌灌，佩之不惑。"

青丘山中有一种鸟，形状像鸠，叫声像人们大声斥骂的声音，这种鸟的名字叫灌灌，把它的羽毛佩戴在身上，人就不会迷惑。

赤鱬 chì
rú

"青丘之山……英水出焉，南流注于即翼之泽。其中多赤鱬，其状如鱼而人面，其音如鸳鸯，食之不疥。"

英水发源于青丘山，向南流入即翼泽。英水中有很多赤鱬，形状和鱼相似，长着人一样的脸，发出的声音就像鸳鸯的鸣叫，人吃了它的肉，就不会生疥疮。

　　鹿蜀为小藏指引了厌火部落神仙们所在的方位，小藏带好迷谷便朝那个方向出发了。于是小藏就这样来到了青丘山的脚下，小藏抬头仰望这座山，能够看到，青丘山的阳面铺满玉石，山的北面则有许多青色的矿物，整座山看起来都是青色的，小藏想，这大概就是这座山被叫做青丘山的原因吧。

　　小藏刚一进山，就看到一只外形像鸠的鸟正站在树梢冲着树下的河水大声叱骂，于是小藏马上凑上前躲在一棵树后，小心地偷听着，想看看到底发生了什么。

　　"可恶的赤鱬！可恶的赤鱬！气死我了！"

　　"灌灌，灌灌，消消气……"

　　"闭嘴！听到你叫我就烦！"

　　小藏在暗处仔细听着它们的对话，搞明白了，原来树上的那只鸟叫灌灌，它正在叱骂的，则是水中的一种叫做赤鱬的鱼。虽然还不知道灌灌叱骂赤鱬的原因，但小藏还是决定不再躲藏，他从树下走了出来，只见那灌灌对他倒不是很在意，赤鱬则被突然出现的小藏吓了一跳，于是小藏决定先向灌灌搭话。

　　"你好，灌灌，我是正在山海王国旅行的小藏，请问你和赤鱬之间发生了什么事情吗？"

　　"哼！说到这个我就气不打一处来！我明明是有着美丽外表的灌灌，它明明是丑陋愚蠢的人面鱼赤鱬！但是我的叫声却凶恶又难听！它的叫声反而像鸳鸯！你说这是什么事儿啊！"

　　"可这又不是我想的呀，你说我也没用呀……"赤鱬委屈地把脸沉入水中，那样子看起来可怜极了。

　　于是小藏只得安慰道："灌灌你先消消气。赤鱬说得对呀，它的声音是它天生的，你的声音也是你天生的，就算你现在对它发脾气，也改变不了什么。而且，通过在山海王国的旅行，我了解到，没有谁是真正完美的，哪怕是那些守护神兽，也有出错、出丑、不擅长什么东西的一面。不过它们都能坦然接受自己的不完美，所以它们才是最美的，我相信，同样完美的灌灌也一定能做到的！"

听了小藏的话，灌灌点了点头，表示小藏说得很有道理，于是送给小藏自己佩戴的可以不迷惑的羽毛，就这样，小藏顺利地穿过青丘山的叠嶂，来到了厌火部落神仙们的居所。

厌火人物

后羿 hòu yì

"帝俊赐羿彤弓素矰，以扶下国，羿是始去恤下地之百艰。"

帝俊把红色的弓、系着丝绳的白色短箭赏赐给了后羿，让他去扶助下界的国家，后羿于是到地上去帮助人们应对各种艰难困苦。

祝融 zhù róng

"南方祝融，兽身人面，乘两龙。"

南方的火神祝融，长着兽身人面，驾乘着两条龙。

燧人氏

suì

rén

shì

《韩非子·五蠹》："有圣人作，钻燧取火，以化腥臊，而民悦之，使王天下，号曰燧人氏。"

有一位圣人，发明了钻木取火烧烤食物，除掉腥臊臭味，人们因此爱戴他，推举他治理天下，称呼他为燧人氏。

蚩尤

chī

yóu

"有宋山者，有赤蛇，名曰育蛇。有木生山上，名曰枫木。枫木，蚩尤所弃其桎梏，是为枫木。"

有一座宋山，山中有一种赤蛇，名叫育蛇。有一种树生长在山上，这种树名叫枫树。蚩尤把他身上的脚镣、手铐扔在地上，于是长出了枫树。

颛顼 zhuān xū

"有鱼偏枯，名曰鱼妇，颛顼死即复苏。风道北来，天乃大水泉，蛇乃化为鱼，是为鱼妇。颛顼死即复苏。"

有一种一侧身体瘫痪的鱼，名叫鱼妇，颛顼死后就立即复苏（不再瘫痪）。大风从北方吹来，天上便下起像泉涌一样大的雨，蛇在这时变为了鱼，这就是鱼妇。颛顼死后就立即复苏。

因为小藏已经去过了富丽堂皇的皇城部落，去过了高山幽远的林氏部落，还去过了水泽湿润的氐人部落，所以在来到这里之前，小藏就有在幻想，厌火部落的神仙们究竟会住在怎样的宫殿里呢？

当小藏看到面前这巍峨壮观的城墙，看到那宏伟雄壮的建筑，圣火点缀着每一个角落，整个厌火部落的仙境温暖、明亮又肃穆、庄严。

而在这里首先迎接小藏的，是火神祝融，他兽身人面，驾乘着两条龙，乍一看去外表十分可怕，不过小藏已经习惯山海王国的生活了，所以他一看到祝融，脑子里的第一个想法便是：神圣，第二个想法，则是氐人部落炎帝一家委托小藏向祝融传达的祝福。

小藏规规矩矩地朝对方行礼，恭敬地向对方问好，祝融闻言，面露喜色，他告诉小藏不需如此毕恭毕敬，因为小藏是皇城部落守护神兽朏朏的投射，论资历，是可以与他们这些山海王国的神仙平起平坐的。

接着祝融便带着小藏拜访了燧人氏。

当小藏见到燧人氏时，他正坐在圣火中央，对小藏说："你好，小藏，我是燧人氏，人如其名，我是钻木取火这项技术的发明人。"

小藏对燧人氏行了一礼，然后问道："你好，燧人氏，有一件事我很好奇，你为什么要钻木取火呢？虽然我知道火对于日常生活很重要，但同时火也是十分危险的事物呀！"

燧人氏闻言，笑眯眯地回答："因为水生万物，火育文明，只有人类真正掌握了火的技术，才算开启自己的文明，所以我上下求索，精益求精，最终找到了钻木取火这种生火的方法，是想让人类将命运牢牢握在自己手里。"

就在小藏还在消化燧人氏话语中的含义时，颛顼走到小藏身边，招呼他去参加厌火部落为他举办的宴会，邀请他来品尝厌火部落的特色美食。

听到有美食，小藏想都没想就道别了燧人氏，跟着颛顼去参加宴会了。

在宴会上，小藏还见到了传说中的英雄后羿和凶神蚩尤，他们一起来和小藏打招呼，却在看见彼此后，渐渐吵了起来，小藏不知所措地站在他们中间，听着他们争吵的内容。

只听蚩尤说："要我说！这小东西有这么厉害的齿轮眼，就应该去征战四方！"

后羿则反驳道："不能那样！小藏的齿轮眼应该更多地用在帮助他人的事情上！"

眼看着他们就要大打出手，小藏慌忙跳出来："我只想用我的齿轮眼去发现更多有趣的事，结交更多有趣的人！你们可不要打架呀！"

白民部落

位于山海王国正中，是银装素裹、神秘寂静的"白民部落"，包括《山海经》之《海外经》所记载的地理范围。

白民部落属"土"，代表五行之"土"的乘黄是这里的守护神兽。

白民部落的居民，都是一袭白衣，长发披肩，恍若仙人，而在守护神兽乘黄的庇护下，这里的居民皆为长生不老的雪白之身。

加之白民部落，终年积雪，四季严寒，常有人说，一入白民，如入羽化登仙之境，是谓玉宇琼楼，高处不胜寒也。

九尾狐

九尾狐

jiǔ

wěi

hú

"青丘之山，其阳多玉，其阴多青腰。有兽焉，其状如狐而九尾，其音如婴儿，能食人，食者不蛊。"

青丘山的阳面有许多玉，阴面有许多可做青色颜料的矿物。山内有一只野兽，它的外表像狐狸，长着九条尾巴，声音像婴儿啼叫，会吃人，人吃了它的肉，就不会被蛊惑。

　　告别了厌火部落的神仙们，小藏翻越青丘山，便进入了白民部落的领地，虽然白民部落一向以终年积雪、四季严寒著称，但也许因为青丘山还连接着厌火部落，所以走在这里，小藏还并未感觉到寒冷。

　　小藏一路向山下的方向行进，就在这时，他忽然听到山林中传来一阵婴儿的鸣泣声，小藏立刻警惕了起来，因为他知道，在靠近厌火部落神仙们居住的地方是不会有遇到危险的婴儿的，而且，他本来就有听说：青丘山里居住着以婴儿的声音诱骗山中旅人做食物的凶兽九尾狐！

　　小藏并没有理会婴儿的哭声，他毫不犹豫，身体紧绷着，加快赶路的步伐，而那婴儿的哭泣声就像是跟着他一样，始终在他耳边萦绕不绝，这让小藏忍不住发出感慨："哎！山海王国里最危险的果然还是婴儿呀！"

　　小藏一边抱怨着一边拐过一个弯，看到前方的景象后，立即愣住了：只见一只浑身雪白毛色、长相颇为俊美的狐狸正端坐在地上，它身后的九条尾巴慢悠悠地晃着，似是在提醒其他人自己的身份。

　　"是九尾狐！"小藏惊得大喊出声。

　　而那九尾妖狐却微微皱起眉："一惊一乍，成何体统！"它说话的声音很是尖细，听起来确实仿若婴儿在低语。

　　虽然小藏知道九尾狐是食人的凶兽，但不知为何，当他看着面前的九尾狐时，却一点不觉得紧张，因为他觉得对方并没有要伤害他的意思。

　　大概是看小藏平静下来了，九尾狐接着对小藏说："哼，可不要误解了，我们九尾狐族可不屑于以诱骗的手段捕食人类。"

可小藏还是不解："但你们确实会捕食人类呀，所以对人类来说，你们就是很危险的凶兽呀！"

"那全都是谣言罢了。呵，我们九尾狐族可是代表祥瑞的神兽，法力高强又受人敬畏，只因能够食人且叫声像婴儿，就被误会为那些三流凶兽！"九尾狐越说越气，最后它对小藏发起了脾气："不过我今天最气的，还是你这个不争气的！"

小藏看着九尾狐那双愤怒的眼睛，不由得一脸茫然："我怎么了？"

九尾狐瞪视着小藏站起身，一下子跃到小藏跟前，指着他的尾巴说："就算山海王国里其他所有人都认为九尾狐是凶兽，你也不该有同样的想法！"

原来是九尾狐将有两个尾巴的小藏当成了正在修炼的二尾狐啦！

祸斗和三株树

祸 huò
斗 dòu

"祸斗兽，状如犬而食火，粪复为火，能烧人屋。"

祸斗，外表像狗，能够吃火，它的粪便又会变成火，能够燃烧房屋。

三 sān
株 zhū
树 shù

"三株树，其为树如柏，叶皆为珠。一曰其为树若彗。"

三株树形状与柏树相似，叶子都是珍珠。一说三株树的形状与彗星相似。

翻过了青丘山，告别了九尾狐，小藏忽然在路上看到一片神奇的树林，这些树都长成一个模样，它们的外形好似柏树，但是树上的叶子却都是珍珠。小藏认出，这是《山海经》中记载的三株树，当看到这种树时，就标志着自己已经正式进入白民部落的领域了。

果不其然，越向前走，天气就越寒冷。不一会儿，小藏就看到周围的景色从厌火部落的炎热多火，变成白民部落特有的银装素裹了。也就在这时，小藏看到一只奄奄一息的大黑狗，正倒在雪地中，于是他慌忙上前查看。

"你醒醒啊？快醒醒……"小藏试探性地拍打着它的身体，发现这只黑狗虽然看起来已经冻僵了，但是身体却还是很烫的。

在小藏的拍打下，那只黑狗也渐渐苏醒过来，它虽然睁开了眼睛，但是双目无神，显得非常虚弱："饿……好饿……给我……吃的……"

"好的！给你吃！"小藏说着拿出两块肉干递给黑狗，但那黑狗却没有张开嘴，它甚至只是闻了一下就别过头去。

原来，这只黑狗是传说中的神兽祸斗，它自称自己来自厌火部落，只以燃烧的火焰为食，奈何白民部落终日严寒，四处不见野火，它已经几日没有进食，就要死去了。

小藏听罢，立刻掏出工具，使用在燧人氏那里学会的"钻木取火"为祸斗制作了一顿"大餐"，祸斗狼吞虎咽地就把火焰吃光了。

吃饱之后，祸斗的状态总算恢复了许多，它笑着对小藏道谢，并告诉了小藏自己来到白民部落的原因："哎，我是受火神祝融差遣，来白民部落为这里的人们提供生火的工具的，然而没

料到这里竟然一点火星都没有，差点出师未捷身先死。"

而小藏则十分好奇，祸斗要如何为这里的人们提供生火的工具呢？

闻言，祸斗便将一颗火种递给小藏，它说这代表它对小藏的感谢。

小藏接过火种，没过一会儿就看到火苗慢慢地蹿了起来，最后越来越旺，烤得小藏暖烘烘的。于是小藏感到不解：既然祸斗有着提供火种的能力，为什么还会因为没有野火而差点饿死呢？

于是祸斗告诉小藏，它能提供的火种都是由它的粪便制成的，如果它肚子饿，那自然就无法生产火种了！

看着祸斗滔滔不绝地讲述如何生活的样子，小藏又看了看手心这颗"祸斗的粪便"，一时间心情很是复杂，山海王国的神兽们，真是太神奇了。

延 展

• 祸斗生活在白民部落，后迁往山海王国的厌火部落，外形和一般的狗没有什么两样。不过它通体的毛都是黑色，并且泛出特殊的光泽。据传母狗在受孕一个月以后被流星的碎片击中，所生即为祸斗。

长右和寻木

长右

cháng yòu

"长右之山，无草木，多水。有兽焉，其状如禺而四耳，其名长右，其音如吟，见则郡县大水。"

长右山的山上没有植被，多水系。山里有一种动物，长得像猿猴，却有四只耳朵，名叫长右，叫声像人的呻吟声。它出现的地方，往往会有大水患。

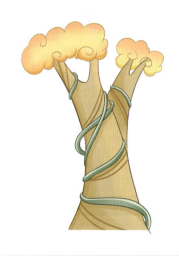

寻木

xún mù

"寻木长千里，在拘缨南，生河上西北。"

寻木有千里长，生长在拘缨国的南边，黄河上游的西北方。

　　小藏在白民部落里行走着，好在有祸斗送给他的火种，以至于他在这里不会感觉太冷。虽然初到白民部落时，这天地之间一片白茫茫的景象确实让他惊异，但是看久了之后，小藏便只剩下寒冷和荒凉这两个想法了。但就在这时，出现在他眼前的景象，着实是过于壮丽了。

　　小藏路过一处冰场，这里的冰，从形状上来看就像是海上的浪花般自然美丽，小藏快乐地跑到冰上玩耍，正遇到一只长有四只耳朵的猿猴同样于此嬉闹。

　　小藏见它的模样十分可爱，便对它打招呼说："你好呀，我是正在山海王国旅行的小藏！"

　　"你好小藏，我是这个冰场的建造者长右！"

　　"建造？你是说整个冰场都是你造的？"小藏的表情十分震惊，因为他难以想象，这么宏大、壮丽的冰场竟然只由长右独自完成。然而他左右张望，却也确实没有看到其他神兽的身影，而长右脸上的表情也不像是在说谎的样子，于是小藏只得相信它。

　　长右点点头，又在冰场上溜了一圈："是的，我将自己带来洪水和白民部落的冰冷严寒结合，那些被我引来的大水，行至白民部落，便直接被冻结，化为这美丽有趣的冰场！不过这确实不只是我独自完成的。"

　　长右说着，指了指自己身后的方向，小藏顺着它所指的方向看去，只见一棵高达数千里的树立于天地之间。

　　"我是依托这棵寻木完成的冰场，所以应该算是有它帮忙吧！"长右说。

　　"原来如此！这里可太有趣啦！为了让冰场热闹起来，我一定会帮你宣传的！"小藏惊叹。

就在小藏和长右说得正欢时，又一轮洪水朝着长右的方向奔来，小藏吓得急忙要找一处高地去躲避洪水，长右则不慌不忙地对小藏喊：

　　"不必害怕，小藏，忘记我说的了吗？那些水会被冻住的！"

　　小藏听了这话，便真的放下心来，他待在原地，看着洪水朝他们的方向袭来，又在他们的头上凝结成冰，而小藏和长右则安然无恙地站在原地。

　　这一系列的现象把小藏看得目瞪口呆，因为他还从未见过如此这般壮丽的景象，于是小藏必须要把自己对白民部落的评价更改了：依托这里的自然环境，这里便成了山海王国最具有创造力的地方！

驳和孟极

驳 bó

"北海内……有兽焉，其名曰驳，状如白马，锯牙，食虎豹。"

北海之内有一种野兽，这种野兽名叫驳，形状与白马相似，长着锯齿般的牙齿，能吃虎、豹。

孟极 mèng jí

"石者之山，其上无草木，多瑶、碧。㳍水出焉，西流注于河。有兽焉，其状如豹，而文题白身，名曰孟极是善伏，其鸣自呼。"

石者山上没有草木，多是美玉和青绿色的石头。㳍水发源于此，向西流入黄河。山中有一种野兽，外形像豹，额头有斑纹，身上的毛皮是白色的，这种野兽叫做孟极，善于伏身隐藏，叫声是自己的名字。

　　今天的小藏来到了北海附近，他看到远处正有一匹白马在四处寻觅着什么，于是小藏上前查看，发现这只白马张开嘴时，满口牙齿竟然如锯子般锋利。

　　这一下子，小藏便紧张了起来：对方是什么食人的凶兽吗？对方会吃掉自己吗？诸如此类的念头一股脑地冒出来。

　　而那马好像是看出了小藏的紧张，于是率先开口解释道："不必害怕，我是专吃虎豹的驳。"

　　小藏就是那种容易跟着气氛走的人，因为驳对他确实没有恶意，所以小藏也就松了口气："你好，我是正在山海王国旅行的小藏，请问你需要帮忙吗？你看起来好像在寻找什么东西？"

　　驳点点头，左右看了看后对小藏说："是的，因为我以虎豹为食，所以对野兽的气味非常敏感，我这两天总能嗅有一只豹子在附近徘徊，却始终不见其踪影。小藏，如果你正在这里旅行的话，一定要注意安全啊。"

　　小藏答应了驳会帮它留意一下后，便与驳道别了。

　　他继续在北海漫游，忽然一只白色的豹子从小藏身边跑过。这一把小藏吓了一跳，他差点要喊出声来，那白色的豹子则迅速捂住了小藏的嘴，并对他说：

　　"嘘，嘘，别出声，我不会伤害你，我只是要你保证不要叫出声。"

　　小藏连连点头，以表示自己绝对不会叫出声，于是那白豹才遵守约定放开了手，小藏便趁机将白豹浑身上下打量了个遍。

　　小藏看到这是一只外形似豹的神兽，浑身毛皮雪白飘逸，额头上有着美丽的斑纹，看起来优雅迅捷又温和有礼。

　　察觉到小藏的视线，那白豹对着小藏礼貌地笑了一下："不要害怕我，我是孟极。"

"你好孟极，我是小藏。"

于是孟极继续说道："我刚刚有听到，你也正在山海王国旅行对吧？"

小藏点点头，同时很是惊讶："听到？难道刚刚我和驳说话时，你就在附近？"

孟极懊恼地承认了这件事，并把一切告诉了小藏，原来它和驳都不是白民部落的本地居民，以前也从不相识，他们都只是在山海王国里旅行罢了。然而非常不凑巧，当自己旅行到这里时，专吃虎豹的驳也恰好经过此处，由于孟极实在是太害怕了，所以只得隐匿身形，想要等驳离开后再出来，可谁知驳竟因为嗅到了自己的味道，怎么也不肯从这离开。

小藏这才恍然大悟，原来孟极是在害怕自己被驳吃掉，虽然感觉这么做有些对不起驳，但小藏还是决定帮助一下孟极。

"启动吧！齿轮眼！"

就这样，小藏带着孟极逃离了北海。

罗 罗

罗 luó
罗 luó

"北海内有青兽焉，状如虎，名曰罗罗。"

北海之内有一种青色的野兽，体形与老虎相像，名叫罗罗。

　　小藏继续在北海内漫游，在这里小藏遇到了一只外表的毛色全部为青色的老虎，这只老虎便是神兽罗罗。

　　罗罗虽然外表看上去是一只老虎，但是小藏能够感觉到，它一点也不凶恶，于是他直接上前与罗罗打招呼：

　　"你好，我是小藏，正在山海王国旅行，请问你需要帮助吗？"

　　"你好，小藏，我是罗罗，你是怎么知道我需要帮忙的？"

　　罗罗看着小藏有些惊讶地说道，同时它那一双闪烁着蓝光的眼睛盯着小藏，让人感觉很温和。

　　于是小藏回答它："因为你看起来很苦恼！所以来告诉我发生什么了吧！"

　　听到小藏的话后，罗罗干巴巴地笑了一下，随即又重重地叹了口气，起身面朝西方站立。小藏凑到它旁边同样朝西方看去，不过除了白民部落的皑皑白雪外，他什么都没有看到。

　　接着罗罗便讲述起了自己的遭遇："哎，在西边的莱山里有一只鸟，它和我同名，也叫作罗罗，但那鸟异常嗜血凶残，不管是鸟畜还是人兽，在它面前，只有被吃掉的份！拜那罗罗鸟所赐，我的名声都变差了。"

　　"那你要不要考虑换一个名字呢？"小藏如此提议。

　　罗罗摇头："我曾经也想过要不要换一个名字，但是我又没有做坏事，如果因为罗罗鸟的恶名，而给自己换名字，这听起来也太不公平了！"

　　小藏看到罗罗这般坚定的样子，于是便说："那你不如直接去告诉其他人，你和罗罗鸟不同？"

　　罗罗又摇摇头："我也曾试过这个办法，去告诉附近的人，我和罗罗鸟不一样……可是他们都说那一定是我在骗人……"

看到罗罗失落的模样,小藏也陷入了思考。他沉默了片刻之后,忽然灵光一闪,好像是想到了一个可行的办法,他忙拉着罗罗说:"既然莱山的罗罗是以做坏事出名,那我们北海的罗罗以做好事闻名不就好了!"

罗罗对小藏的话将信将疑,因为在它心里,这并不能算得上是最好的办法。然而小藏接着对他说:"毕竟你已经什么方法都试过了嘛!现在'罗罗'的名声已经被那西方的罗罗鸟影响成了恶兽的象征,与其继续去思考有什么办法让其他人相信你,不如想办法把'罗罗'这个名字夺回来!因为它本来也是属于你的名字呀!"

小藏的话让罗罗茅塞顿开,它决定从今天开始行侠仗义,锄强扶弱,果然不久之后,当北海的人们再提起罗罗,大家想起的就都是青兽罗罗这只善良仁义的神兽了。

应龙和扶桑

应龙 yìng lóng

"大荒东北隅中，有山名曰凶犁土丘。应龙处南极，杀蚩尤与夸父，不得复上，故下数旱。旱而为应龙之状，乃得大雨。"

大荒的东北角落里，有座山叫凶犁土丘。应龙住在这座山的最南方，它曾经在战争中帮助黄帝杀死过蚩尤和夸父，因此不能再回归上天，因而天界就缺少了这位能行云布雨的神明，造成了天下时常闹旱灾。每当旱灾流行的时候，百姓们便制作出应龙的样貌来祭祀祈雨，往往就能下大雨缓解旱情。

扶桑 fú sāng

"汤谷上有扶桑，十日所浴，在黑齿北。居水中，有大木，九日居下枝，一日居上枝。"

汤谷中生长着一棵扶桑树，那里是十个太阳洗澡的地方，位于黑齿国的北面。在水中有一棵大树，九个太阳居住在下面的树枝上，剩下的一个太阳住在上面的树枝上。

小藏来到一处叫做汤谷的地方，在这里有一棵巨大的扶桑树立于水中，小藏认得这棵树。他记得这是山海王国里，太阳们居住的地方，而顺着扶桑之树向上看去，小藏看到一条长着翅膀、云雨环绕的龙正盘踞在树梢之上，那条龙同样看到了小藏，便向下降落，停在了小藏面前。

"我认得你，你是那个正在山海王国旅行的小藏吧？"

"是……是的，请问您是？"

"我是来自大荒的应龙，此次造访白民部落，是听说这里有一只能够引起水灾的神兽正在此作怪，所以前来抓捕它。"

听了应龙的话，小藏立刻意识到应龙所说的"能够引起水灾的神兽"应该是在白民部落里制造了一整个冰上乐园的神兽长右，小藏回忆起自己与长右一起在冰场上愉快玩耍的样子，实在不忍心应龙就这样把它带走。

所以小藏支支吾吾半天没说一句话，而应龙则看出了小藏的心事。

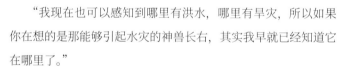

"我现在也可以感知到哪里有洪水，哪里有旱灾，所以如果你在想的是那能够引起水灾的神兽长右，其实我早就已经知道它在哪里了。"

听到应龙这么说，小藏有些着急："可……可是，长右它又没有危害到别人……它利用自己的特性，在那里造了一座冰场，非常好玩，我也很喜欢那里，我相信你也一定会喜欢的！"

应龙摸了摸小藏的头，虽然它的身形要比烛龙小很多，但对比小藏，应龙还是过于庞大了，它仅仅是摸了几下小藏的头，小藏便感觉十分紧张，就好像应龙稍稍一用力，自己的头就会被揉下来一样。

应龙自然是没有注意到小藏的这份紧张，它接着说："我理解你的心情，孩子，但自然万物皆有其规律，不管是谁都不该为了个人欲求就破坏这个规律，但是……你也不必这么悲观，我会先到长右的冰场实际看一看感受一下后，再做结论的。"

听到应龙这么说，小藏才终于放下心来。因为他相信，没有人会在去了长右的冰上乐园后还不喜欢那里的，于是小藏发自内心地为长右祈祷，希望待自己游完山海，还有机会与长右一起冰上嬉戏。

傲 狠

傲狠

ào

yē

"三危之山，三青鸟居之。是山也，广员百里。其上有兽焉，其状如牛，白身四角，其豪如披蓑，其名曰傲狠，是食人。"

三危山是三青鸟栖息居住的地方，这座山方圆百里，人迹罕至。山上有一种野兽，它的样子像脑袋上长有四只角的白牛，它身上的毛发又长又硬，看上去像披着一件蓑衣，这个野兽叫做傲狠，会吃人。

小藏发现，因为白民部落几乎都是雪原，所以他很难分清自己已经走到了哪里，方向如何，有没有迷路。这其实是非常恐怖的，毕竟这里还是十分寒冷的，倘若在这种地方因为迷路把体力消耗殆尽，那将是非常危险的。小藏不由得回忆起祸斗，但小藏又想到了自己的齿轮眼，虽然他在山海王国中始终秉持着尽量少得使用齿轮眼的原则，但这不代表他完全不用。小藏想，如果自己遇到了无法避免的危险或危机，就一定要启动齿轮眼，例如如果自己因为迷路又吃光了存粮的话，自己要去哪里呢？他思索一番得出结论：自己一定要去找三青鸟，因为每日为西王母寻找美食的它们一定是山海王国最懂得"吃"的神兽！

小藏一边这样想着，一边继续行走。他感觉周围的空气好像越来越凉了，就在这时，小藏忽然看到前面出现了一件看起来很是温暖的蓑衣。

"哇，我的运气真是太好啦！"

"快让我把蓑衣穿上取暖吧！"

小藏说着快步上前去拿取蓑衣，不料等小藏靠近才发现，这"蓑衣"其实是头上有四只角的白牛徼狽，因为它身上的毛又长又硬才导致小藏误以为那是蓑衣！

虽然小藏紧张又害怕，但徼狽看到小藏后却露出了一脸失望的表情：

"哎，怎么是你这么一只又矮又小的动物呀！"

小藏感觉受到了侮辱，于是反驳说："我怎么了嘛！"

只见徼狽重重地叹了口气，又缩回自己厚厚的毛皮之中，闷闷地说："哎，我本是居住在三危之山的食人凶兽，因为我的外表，所以我经常以伪装成蓑衣潜伏在山中为手段诱捕路过的人类，可三危山并不算寒冷，我总是过着饥一顿饱一顿的日子。后来听闻白民部落终日严寒，所以想着来这里狩猎，一定手到擒来，谁知道，初次捕获的猎物就是你这种一看就没什么肉的小东西，根本没有吃的必要，你还是走吧！"

于是小藏就这样被徼狪打发走了，虽然没有被徼狪伤害是件好事，但小藏总感觉哪里有些不甘心就是了。

鼍

鼍 tuó

"岷山。江水出焉，东北流注于海，其中多良龟，多鼍。"

江水发源于岷山，向东北流入大海，水中有很多品种优良的龟，还有许多鼍。

在白民部落旅行时，小藏注意到一个有趣的现象，那就是来白民部落旅行的神兽，可真不少，是因为这里位于山海王国比较靠近中心的位置吗？还是因为这里一年四季都下着雪，风景绮丽优美呢？

没错，在小藏的认知中，每一只来山海王国游玩的神兽，一定都是为了这里的风景，为了欣赏，为了享受而来的。但是小藏从未想过，也会有一只神兽，是为了体验这里的酷寒，而刻意赶路来此。

这天小藏路过一条江水，在水边，小藏看到有一只昏昏欲睡的鼍。

这让小藏很好奇，因为鼍本是居住在皇城部落岷山的神兽，怎么会出现在这里？而且当小藏凑近去看时，这鼍其实根本没睡着，它努力站在原地，似是在对抗困意般，把自己的眼睛睁得好大。

于是小藏更好奇了："你不是住在皇城部落的鼍吗？你在这里做什么呢？"

"哎呀，我是特意来这里的，我要克服冬眠！"鼍喊叫着回答，好像这样就能让自己精神点一样。

不过小藏倒是更迷惑了："克服？冬眠？这都是什么意思？"

接着，鼍又将自己的脸浸入冰水，试图让自己清醒一点，可是毫无效果，在小藏看来，它看起来好像更困了。

"我们鼍之一族都具有冬眠的特性，一旦进入冬季，大家就会相继进入准备好的洞穴中进行冬眠，可是我很担心……我们在冬眠时，对外界毫无反应，如果在这个时候遇到危险了可该怎么办呀！"

小藏点点头:"这确实是个问题呢……"

"所以,我便来到寒冷的白民部落,这里气候严寒,可以模拟皇城部落的冬天,我想在此锻炼自己,克服冬眠的本能,以待冬天到来时做族群的守卫,可是……你也看到了,从目前的结果来看,我的特训好像并没有效果。"

小藏想了想,忽然眼睛一亮,他举起手,就像个想到坏主意的学生一样:

"提问!鼍你们是体表温度越低越困吗?"

鼍点点头,于是小藏掏出祸斗赠予自己的火种交给鼍。

"有了这个温暖的火种!只要到了冬眠的时候,你把它放在自己的身上,你就一定不会感觉到困啦!"

延 展

• 据《山海经》记载,在那个时候,长江中有大量乌龟和鼍。《康熙字典》引陆玑的话,说鼋长得像蜥蜴,身长一丈有余,其皮甲坚厚,如同盔甲,可以用来覆盖鼓面。鼍现在多被认为是扬子鳄,现存数量十分稀少,是国家一级保护动物。

罴和视肉

罴 pí

视 shì
肉 ròu

"务隅之山，帝颛顼葬于阳，九嫔葬于阴。一曰爰有熊、罴、文虎、离朱、鸱久、视肉。"

有一座务隅山，帝颛顼就埋葬在它的南面，他的九位妃嫔埋葬在山的北面。一说这座山中有熊、罴、花斑虎、离朱、鸱久、视肉等鸟兽。

在处处洁白无瑕的白民部落里，有一个奇特的地方，这便是务隅山。之所以说它奇特，则是因为，即使是在白民部落严苛的环境里，这座山依然四季常青，花草树木飞鸟鱼虫全都在这里生活，好似从来不会感觉到寒冷一样。

小藏走在这山里，一边翻着《山海经》查看着资料，一边分析着这里特殊环境的原因："嗯，是因为帝颛顼死后葬在了这里的阳面，而他的九位嫔妃就葬在这座山的阴面？"

就在这时，小藏忽然听到一个微弱的声音传来：

"救命呀！救命呀！"

听到求救声，小藏忙左右查看，可是却始终不见个人影："有人求救？可是却看不到人呀？"

"在这里！在你的脚下！看我看我！"

小藏循着声音一低头，正看到一个外表奇异似肉似菌又似糖的生物站在小藏脚下，于是小藏蹲下身，友善地打招呼：

"你好，我是小藏，你遇到危险了吗？"

这个生物十分着急地回答小藏："我是视肉的一块分身！我的本体！就要死掉了！"

虽然这块"视肉分身"看起来十分着急，但不知为何，小藏看着它就是紧张不起来，但为了不让对方失望，小藏还是站起身，擦了擦自己的齿轮眼说："那你快带我去你的本体那里吧！"

就这样，小藏在视肉分身的带领下前进，最后则看到一只黑正在围着视肉打转。

小藏立刻装模作样地跳出去："不许动！我是小藏！我是不会让你伤害视肉的！"

"什么？你要保护这个东西？你知道这个东西是什么吗？"

"是……视肉！"

黑招呼着小藏靠近查看，指着视肉说："我就是想尝尝它的味道，你看，他分明是一块肉，但是却长在地上，好像是棵草，你不会好奇它的味道吗？"

"你这么一说……我确实也有点好奇呢！"

视肉看到小藏和黑都盯着自己看，露出惊恐的表情。

"怎么连小藏你也？哎，算了，实话告诉你们吧！我是可以无限再生的肉和植物！"

无奈之下，视肉将自己的分身送给它们："只要你们耐心等待，这块分身就会长大，到时候你们就可以吃掉它来尝味道啦！"

可小藏却盯着这块视肉的分身有些害怕，因为他想到视肉的分身会说会跑，就像有着自己的思考一样，所以小藏拒绝了视肉的分享。毕竟，与他说过话，视肉的分身就算是小藏的朋友了，小藏怎么会吃掉自己的朋友呢？

狙狼和薰华草

狙 shì
狼 láng

"蛇山，其上多黄金，其下多垩，其木多枸，多豫章，其草多嘉荣、少辛。有兽焉，其状如狐，而白尾长耳，名狙狼，见则国内有兵。"

被枸树和豫章树覆盖的蛇山，生长着茂盛的嘉荣、少辛等草类，山中贮藏着丰富的黄金矿石，山下覆盖着白土。这山里生活着一种野兽，外貌类似于狐狸，却长着白色的尾巴，长长的耳朵，这个野兽叫做狙狼，它所现身的国家会发生战争。

薰 xūn
华 huá
草 cǎo

"君子国，有薰华草，朝生夕死。"

君子国长着一种薰华草，每天早晨开花，傍晚就凋谢了。

　　与视肉道别后，小藏也就离开了务隅山，离开了务隅山，白民部落的风景便又是一成不变的白色了。

　　而在这片白茫茫之中，小藏忽然看到一只和自己外貌有些相似的神兽，正孤零零地坐在雪地中。小藏很兴奋，忙上前与它打招呼，却发现这只神兽的神态看起来很失落，小藏急忙询问对方发生了什么。长着白色尾巴和长长耳朵的神兽叫做狚狼，它说它的故乡叫做蛇山。

　　"小藏，当你听到蛇山这个名字时，会想到什么？"

　　"我想这座山里一定会有许多的蛇。"

　　狚狼点点头，告诉小藏，是的，那座叫做蛇山的山中，确实本来有许多蛇，可是现在那里却没有了。

　　"为什么？它们搬走了吗？"

　　狚狼这次摇摇头，反而先讲起了自己，它告诉小藏，自己是能够招致内部战争的凶兽，哪怕在场只有两个人，他们也会因为狚狼的影响而大打出手。

　　于是小藏便猜出了蛇山没有蛇的原因：那些蛇全因为狚狼的特性，在族群之间发生了战争，最终一起走向了灭亡，而那时的狚狼还不知道那都是因为它的特性，所以发生了那一切后，便逃走了，而在逃亡的过程中，狚狼逐渐发现了自己的特性，所以它便来到了这地广人稀的白民部落，终日与雪和草为伴，想要在这里度过余生。

　　小藏虽然听这狚狼的故事觉得很悲伤，但还是注意到狚狼提到的另一个朋友"草"。

　　"那是谁？它现在也在这里吗？"

　　小藏左右看了看，自然没有看到任何人，不然，以狚狼的影响，自己也许早就和第三个在场的人打起来了。

　　于是狍狼伸出手，向小藏展示了一株看起来非常柔弱的小草，狍狼告诉小藏，这种草叫做薰华草，它会在白天生长，到了晚上就会死掉。

　　小藏不解，为什么狍狼要把这株草说成是自己的朋友。

　　狍狼告诉小藏，因为只有这株朝生夕死的草，可以完全不憎恨它，与它生活在一起。

　　小藏听着狍狼的故事讲完，觉得狍狼虽然很可怜，但完全没必要这么悲观，毕竟山海王国有这么多神奇的植物和神兽，这里总归是一个方法会比问题多的地方。于是小藏为狍狼讲述了蜚的故事——从前，有一个只要存在就是灾厄的凶兽。

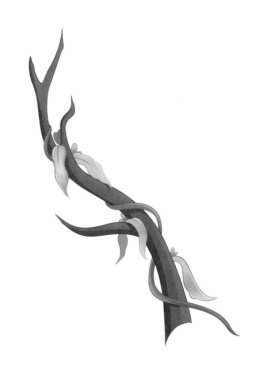

鲲 鹏

鲲鹏
kūn
péng

"北冥有鱼，其名为鲲。鲲之大，不知其几千里也。化而为鸟，其名为鹏。"

在北冥有一种叫做鲲的鱼，鲲非常大，看不见其身长有几千里，鲲可以化身为名为鹏的鸟。

小藏继续向北走，一阵冷风略过，头上打下一片阴影，他顿时觉得气温骤降，抬头望去，只见一条小藏难以估算其长度的大鱼从天上游过，大概由于这个景象过于壮丽，小藏甚至一度忘记了自己快被冻僵的事情。

他看到大鱼在天空轻轻翻身，冷风和浮云在两侧裹挟着它的身体，然后大鱼的身体竟生出羽翼和双翅，就这样在空中化为巨鹏，伴随着北风从天空缓缓落下，最后消失于天空之中。

这时一个有着鸟的身体、人的脸孔、耳朵上佩戴着两条青蛇做装饰，脚下还踩着两条青蛇的人出现在小藏面前。

"你好，小藏，我是禺强，我早有听闻神兽小藏正在山海王国旅行，为了欢迎你来到白民部落，我是专程来接你的。"

小藏被禺强的欢迎弄得有些不知所措，自己什么时候在山海王国成了一个大人物了？不过眼下有一件更令小藏在意的事情：

"你好禺强！谢谢你来接我！刚刚我在天上看到好大一条鱼！然后那个鱼又变成了好大一只鸟！你知道它是谁吗？"

禺强看了看天空的方向，缓缓回答："我想你看到的大鱼和巨鸟，都是我的化身，那是我的另一个名字——鲲鹏。"

禺强一边说一边展开两只手臂，只见其一边的手臂化为和鹏一样的翅翼，另一边的手臂则化为和鲲一样的鱼鳍。

小藏看得又觉得神奇又觉得羡慕，他由衷地感慨："好神奇呀！我也好想有你这样的能力呢！"

禺强想了想对小藏说："在我看来，你已经有我的能力了。"

禺强说着指了指小藏的齿轮眼。

"我幻化为鲲，是为了在海中遨游，幻化为鹏，是为了穿越天空，而我的最终目的，是为了能够更方便地前往某一目的地，而你的齿轮眼只需轻轻转动就可以带你去任何地方，所以我说，你不仅已经有了同我一样的能力，甚至你的能力可比我要更厉害呀。"

听着禹强的解释，小藏小心地抚摸自己的齿轮眼："原来只是换了一种解释，我就可以这么厉害呀！"

就这样，小藏在禹强的带领下，来到了白民部落的主城，白民部落传说中的守护神兽，就在那里等待着小藏的到来。

乘 黄

乘黄 chéng huáng

"白民之国在龙鱼北,白身披发。有乘黄,其状如狐,其背上有角,乘之寿二千岁。"

白民国在龙鱼栖息的北面,其国人浑身雪白披散着头发。国内有一种叫做乘黄的野兽,这种兽外表像狐狸,背上长角,人如果骑上它就能活两千岁。

　　说到白民部落小藏会想到什么呢？

　　小藏听闻，白民部落的居民全都身着一袭白衣，长发披肩，仿若不食人间烟火的仙人，而恰好他们的守护神兽又是能使人活两千岁的乘黄，因此，在山海王国中，白民部落确实是一处货真价实的人间仙境。

　　小藏在禺强的带领下进入白民部落的主城，他看到这里的人们果然和传说中的一样，每一个都超凡脱俗，仙气飘飘，但是却都死气沉沉的，让人感觉十分不舒服。在这时，小藏想到自己曾经结交过的神兽吉量，吉量曾对小藏说过：长寿或不死对于生命来说并不是一件好事，如果没有强大的意志力，时间终究会消磨掉一切生者对生活的乐趣，这个时候，轻者只是对世间万物不再拥有兴趣，重者甚至会就此疯掉。

　　那时的小藏尚且不懂吉量为什么会那么说，然而当现在的他看到眼前这些白民部落的居民时，确实是有些理解了。因为当小藏进入白民部落的主城后，几乎每一个白民部落的居民都在用非常疯狂的眼神盯着自己看。

　　"瞧那白白的身子。""瞧那对漂亮的狐狸耳朵。""瞧他小巧的爪子。"

　　小藏能够听到人们在他身边的窃窃私语，不过万幸的是，这里的人们倒是都对他毕恭毕敬。小藏虽然感到很奇怪，但始终没找到个机会询问原因，他就这样在白民部落居民的侍奉下，见到了这里的守护神兽——乘黄。

　　乘黄从外形上来看像普通的狐狸，但它背上却长有角，听闻，人们只要骑上它就能活两千岁，于是当年的乘黄便以一己之力，托起了整个白民国，让这里的人们都能活两千岁。

还没等小藏与乘黄打招呼，白民部落的人们就先开口了：

"乘黄大人，我们找到您的孩子了！"

"想不到乘黄大人的孩子居然这么可爱！"

"该为这可爱的孩子举办庆典呢！"

从这对话中，小藏听出来了，原来大家是把看起来像狸的小藏，误认为外表与狐狸相似的乘黄的后代了！小藏刚想解除误会，却被乘黄掩饰了过去，待其他人离开后，乘黄才对小藏说实话。

"你好，小藏，谢谢你的配合，哎，我也是不想扫了他们的兴，才这般承认的，如果让你感到不悦，还请原谅。"乘黄低下头。

小藏有些为难地回答道："我确实感到不舒服，因为撒谎是不好的。"

"还请你听我解释，你看，白民部落在我的庇护下，人皆两千岁，然而漫长的时间逐渐消磨了人们对生活的热情，今日你的到来，为这座城带来了一丝热闹与生机，所以……如果你愿意，就让这个善意的谎言不要被揭穿吧。"

于是，小藏以"乘黄后代"的身份，在白民部落享受了一段尊贵的生活，虽然内心很忐忑，但看到人们为了照顾自己而流露出的喜悦后，小藏也明白了"善意的谎言"是什么意思。

黄 马

黄马
huáng
mǎ

"一臂国在其北，一臂、一目、一鼻孔。有黄马，虎文，一目而一手。"

一臂国在三身国的北面，国人都长这一条胳膊，一只眼睛，一个鼻孔。国内有一种黄色的马，身上长着老虎一样的斑纹，只有一只眼睛、一条腿。

之前在氏人部落的时候，小藏有遇到过只有一边翅膀和一只眼睛的怪鸟蛮蛮，他还记得当时为了给蛮蛮寻找另一半，花费了多少波折——它们必须要两只鸟并列在一起才能起飞。小藏觉得在山海王国中，这种特例只有蛮蛮一个就足够了，可小藏并不知道，山海王国可远远比他想象中要更神奇。

今天的小藏来到了一个叫做一臂国的地方，他往一臂国的街道上一瞧，发现街上走的，桥上站的，路边休息的，全都是只有半边身子的半体人，最令他感到惊讶的，是这里的马居然也全都是只有一只眼睛和一条腿、身上生有老虎斑纹的黄马。于是，走在一臂国的街道之上，轴对称的小藏多少显得有些引人注目了。

小藏能感觉到，当自己行走在街道上时，人们都对他投注以十分好奇的目光，他有两条腿让这里的人们感觉很新奇，他有两只眼睛让这里的人们感觉很新奇，甚至连他有两条尾巴，都让人们感觉新奇又不可思议！

听着一臂国居民们的小声议论，小藏愈发感到不自在，他简直想直接找个地缝钻进去。就在这时，一匹黄马一瘸一拐地走了过来，它像是能看穿小藏心中在想什么一样，悄然靠近小藏，在他耳边小声说："不用害怕，这里是一臂国，无论是谁，只要在这里待上一阵，就都会变成一个半身生物。"

黄马的话把小藏吓到了，因为他可不想变成只有一只手臂、一只脚、一只眼睛和一条尾巴的半身小藏，于是他立刻收拾行李表示他得马上离开这里。

听到小藏这么说，黄马则愉快地对小藏说："好！那就让我助你'一臂'之力吧！"

就这样，小藏在幽默的黄马的帮助下，顺利离开了一臂国，然而直到他们走了很远之后，黄马才对小藏坦白，自己其实只是在吓唬小藏而已，怎么会有人因为来到了一个地方就变成半边人呢？

觉得自己被黄马戏弄的小藏不是很开心，他表示要和骗人的黄马就此分道扬镳，可黄马作为一臂国的生物，实际上是不能单独行动的，于是它苦苦哀求小藏，希望小藏能帮助自己返回一臂国，它还要小藏回忆一下："你想，我虽然唬骗了你，但是我们这一路不是也很快了吗？"

"虽然你的确是个好朋友，但是以欺骗为前提的友情是不对的！"

小藏依然不能原谅黄马，但他毕竟十分善良，于是他还是帮助黄马返回了一臂国。回到一臂国的黄马向小藏道了歉，并带着小藏重新游玩了一臂国。

于是，他们就这样又重新成为好朋友。

鸙 鸟

鸙鸟

cì

niǎo

"鸙鸟，其色青黄，所经国亡。在女祭北。鸟人面，居山上。一曰维鸟，青鸟、黄鸟所集。"

鸙鸟的羽毛呈青黄色，凡是它经过的国家都会败亡。它的栖息之地位于女祭的北面。鸙鸟长着人一样的脸，居住在山上。一说是青鸟、黄鸟的集合体，统称维鸟。

　　在见过山海王国各种神兽之后，小藏总结出来一个规律，那就是越是功能可怖的凶兽，它们生活得越是小心，想想也不奇怪，如果小藏光是走路或者呼吸就会为他人带来危害的话，想必他也会不自觉地注意自己的言谈举止。

　　话虽如此，但如蛊那样一言一行都小心谨慎的凶兽还是极少数的，在大多数情况下，山海王国里的神兽们还是将自己的欲望和喜好放在最优先思考的位置上。

　　就这样，今天的小藏正与往常一样走在路上，忽然看到前面有两只毛色分别为青色和黄色的鸟正站在路边争执，待小藏靠近后，他看到这两只鸟儿都长着和人一样的面孔，便想起这应该是《山海经》中记载的神兽鹙鸟。

　　于是小藏凑上前，简单自我介绍后，便询问它们正在为了何事而争吵。

　　那只青色的鹙鸟指着另一个黄色的鹙鸟说道："正好，小藏，你来给我评评理，我们从女祭北面而来，现在我说，我们接着往西飞！它偏不乐意！"

　　"不，小藏，你可得听仔细了，这往西大大小小全是人类，我们怎么能往那边去呢？所以听我的，得往东飞！"

　　小藏被夹在两只鹙鸟的你一言我一语中，脑子越来越迷糊了。似是看出小藏的茫然，于是黄色的鹙鸟对小藏解释道："小藏，你有所不知，我们这叫做鹙鸟的种族，可是有着让经过的国家败亡的特点的，所以凡是出游远行，我们在路线的制定上必须格外小心谨慎，以防一个不小心就把哪个国家给灭亡了。"

　　听了它的话，小藏却露出开心的表情："原来如此，那你们这下可找对人啦！"

原来，小藏决定帮助两只鹬鸟一起制定路线，他一边回忆着自己的旅行，一边将旅行时的见闻和路线整理记录下来。然后他又和鹬鸟一起，将这些记录画成地图，不过因为小藏还没有走遍山海王国的每一个角落，所以鹬鸟也会把一些小藏还没有去过的地方在地图上标注下来，就这样，小藏和鹬鸟都得到了他们想要的地图，在短暂的相遇后，各自踏上了新的旅行。

玄 豹

玄豹 xuán bào

"即谷之山，多美玉，多玄豹……其阳多珉，其阴多青。"

即谷山，山中有许多美玉和黑豹……山的阳面有许多像玉的珉石，阴面有许多可以做青色颜料的石。

小藏在白民部落里迎着风雪前行，或许是他已经适应了这里的气候，所以他这一路一点也不觉得寒冷，也一点也不觉得疲惫。唯一让他感觉有些不舒服的，大概只有白民部落的风景实在是太单调了这一点吧，放眼望去，前面是白的，再往前还是白的，一望无际的皑皑白雪，直刺得小藏眼睛发疼。

就在这时，天上开始飘起薄薄的雪花，而小藏则透过这层风雪，看到远处有一团黑漆漆的东西，但由于离得太远，小藏实在看不清那黑点究竟是什么。就在小藏犹豫着要不要上前去探个究竟时，他忽然听到自己身后传来有人踏着雪走过来的脚步声，小藏回过头，就看到一只颜色漆黑如墨的豹子正站在自己身后。

"啊！"小藏吓得大叫了一声，连忙朝着后方退去。

而那豹子并没有对小藏动手，它就静静地站在原地，居高临下地观察着小藏。小藏也不敢轻举妄动，他们就这样面对面地站在原地，直到这黑色的豹子先开口。

"你好，我是来自皇城部落即谷山的玄豹。"玄豹一边说一边对小藏微微颔首，看起来就像在鞠躬一样。

听到玄豹的话，小藏先是愣了一下，然后慌忙对着玄豹同样鞠躬行礼，就这样，他们算是彼此认识了。

于是小藏便询问玄豹为什么要从皇城部落来到白民部落，听了小藏的问话，玄豹先是抖了抖落在身上雪，然后邀请小藏抚摸一下自己的皮毛，小藏凑上前摸了摸，感觉玄豹的皮毛又滑又顺，摸起来十分舒服，再加上玄豹黑得发亮的毛色，小藏忍不住夸赞起玄豹的皮毛。

见小藏对自己的皮毛大加赞赏，玄豹告诉小藏，自己一路从皇城部落来到这里其实是在为即谷山的染发技术进行宣传呢！

原来在皇城部落的即谷山上盛产制作青色颜料石头，将那种石头制作出的颜料涂抹在身上，会使毛色变成非常美丽的墨色。玄豹一边说着一边邀请小藏跟随自己来到一块大石头旁，小藏发现这正是自己先前在远处看见的石头，玄豹告诉他，这就是它从即谷山里带出来的石头，然后他便询问小藏是否也要把毛染成黑色。

　　小藏婉言谢绝了玄豹，因为他目前还没有这个想法，可玄豹并没有放弃，它依然围在小藏身边说着黑色毛皮的好处。不过小藏意志坚定，态度坚决，到最后他也没有同意玄豹的请求，见小藏怎么也不肯答应自己，玄豹也生气起来，抱怨道：为什么山海王国里的神兽都没有改变自己的勇气呢？

　　于是小藏回答玄豹：也许不是大家不愿意改变自己，而是因为玄豹总是想把自己的审美强加于其他人，所以人们才不同意玄豹的请求吧。

狴、甘华和甘桓

狴 lì

"乐马之山。有兽焉，其状如汇，赤如丹火，其名曰狴，见则其国大疫。"

乐马山中有一种野兽，长得像刺猬，浑身上下红得像火，这种野兽名叫狴，它出现的国家往往会有大瘟疫蔓延。

甘华 gān huá

甘桓 gān zhā

"平丘在三桑东。爰有遗玉、青鸟、视肉、杨柳、甘桓、甘华，百果所生。"

平丘在三桑的东面。这里有遗玉、青鸟、视肉、杨柳、甘桓、甘华，生长着各种果树。

随着小藏在山海王国旅行的时间越来越长，他在山海王国的名气也越来越大，不知不觉，认识小藏的人和神兽越来越多，每个人看见他的样子，就都能认出他是"来自 YJGC 星，正在山海王国旅行的小藏"。可是，小藏本来也只是一个普通的小藏，虽说他的名气的确是通过他在山海王国里旅行交友、为神兽们排忧渐渐积累下来的，但其实小藏还并不能算是适应现在这份名声。

今天的白民部落天空格外晴朗，蓝天白云之下的雪原在阳光的照射下闪闪发光，远处能看到白民部落特有的植物甘华和甘柤在清新的空气中随风摇曳。虽然不知道真假，但小藏听说，只要吃了名为甘柤的草，就可以羽化登仙，这种神草在其他部落一定会被争相采集，不过在白民部落倒是生得自在。小藏回忆起白民部落那些仙气四溢、神秘缥缈的居民，他猜，那些人不需要神草就已经过得如同神仙一般了，所以像甘柤这样的神草才能在白民部落自在生长吧。

就在这时，小藏看到一小簇火焰正在雪地里移动，小藏十分好奇，于是便靠近查看。令小藏感到十分神奇的事情是，虽然小藏正离那团火越来越近，但小藏却丝毫没有烫伤的感觉，再凑近一瞧，小藏发现，这一小簇火焰其实是一只浑身上下赤红如丹火的刺猬！

刺猬似乎并没有注意到小藏，所以直到小藏的影子覆盖住它的时候，它忽然一回头把自己和小藏都吓得够呛。小藏跌坐到地上，却看到那刺猬身上的"火焰"烧得更旺盛了，而还没等小藏开口，那刺猬就先认出了小藏。

"你，你是那个正在旅行的小藏吧？"

小藏点点头："是的，我是小藏，请问你是？"

"我是来自皇城部落乐马山的狭。"

听到这个名字，小藏才认出来，在《山海经》的记载中，狭是一种出现在哪里，哪里就会发生瘟疫的神兽，于是小藏顺着这个思路询问狭："所以你是为了不让自己的故乡感染瘟疫，迫不得已背井离乡，去寻找着能够克服自己体质的方法对不对？"

狭露出一副莫名其妙的表情，告诉小藏，它只是听说了小藏在山海王国旅行的事迹，受到感染，于是自己也来旅行了而已。

小藏非常感动，原来自己已经开始影响他人了，一想到这里，小藏便不由自主地更加注意自己的行为规范了。

并 封

并封 bìng fēng

"并封在巫咸东，其状如彘，前后皆有首，黑。"

名叫并封的野兽居住在巫咸国的东面，它的体形与猪相似，前面和后面各有一个脑袋，周身都呈黑色。

　　在山海王国中，最常见的怪异神兽都长什么模样呢？小藏在今天忽然思考到这个问题，他回忆着自己在山海王国里遇见的那些神兽，最后得出结论：果然还是那些一个身子却好些个头的神兽最奇怪了，因为每当遇到这种神兽时，小藏便十分好奇，它们的脑子和身体是如何配合的？毕竟小藏只有一个脑袋和一个身子，当他的脑子决定向左走，他的身体便会跟着过去，所以那些好几个头的神兽是如何思考的呢？那些头都有着自己的独立意识吗？这些头又会有彼此不同的观点和想法吗？

　　小藏想了半天也没想出个结论，再一抬头，小藏发现自己已经来到白民部落里一处叫做巫咸国的地方，小藏听说这是一个由一群巫师组成的国家，相传山海王国的巫师非常厉害，他们能够治疗疾病，知人生死，还能够与神沟通。于是，小藏想，自己思考不出来的问题，这些巫师一定能给他个回复。

　　小藏就这样向巫咸国的方向前进，而当他走到巫咸国的东边时，忽然看到一只前后各有一个脑袋的黑色的猪就站在山野之间的空地上，那猪一动不动，看起来很是乖巧。

　　"比起去问一个脑袋的人，让只有一个脑袋的人去猜想，不如直接去问两个脑袋的人的直观感受。"

　　这样想着，小藏便走上前与这只神兽攀谈了起来。

　　"嗨，你好，或者说你们好，我是正在山海王国旅行的小藏。"

　　"你好，小藏，我们是并封。"

　　两个头同时开口回答，小藏则在心里默默记下：它们会一起开口说话，还会用"我们"来称呼自己。

　　"你们好神奇啊，我还是第一次见到前后各有一个脑袋的神兽呢！那么请问你们中谁才是代表前面的那个头呢？"

听到小藏的这个问题，并封的两个头都露出疑惑的表情，这表情就好像在说它们此前从未思考过这件事一样，然后它们又一起开口说：

"前面的头当然是我啦！"

它们听到另一个头也说自己是前面的那个后，纷纷露出不高兴的表情，然后竟然开始争吵起来：

"前面的应该是我才对！""不对！明明就是我！""怎么会是你？你那么笨，总是走错路！""你不是也没好到哪去！"

就这样，两个头你一言我一语地全都认为自己才是前面的那个，小藏看它们愈吵愈烈，也毫无办法，只能请求它们停下。

到了最后，两个头决定用比赛的方式来决定谁才是前面的：它们一齐朝自己的前方发力，身体最终跟随谁的方向前进，谁就是前面的那个。

于是比赛开始，有趣的是，即使两个头各自都很用力，可它们的身体却纹丝未动，无奈之下，并封的两个头只好暂时休战。看着眼前这一幕的小藏忍不住思考：难道它们的身体部位才是它们的思维主导？山海王国里的神兽可真奇怪呀！

灭蒙鸟和雄常

灭蒙鸟
miè
méng
niǎo

"灭蒙鸟在结匈国北，为鸟青，赤尾。"

灭蒙鸟的栖息之地在结匈国的北面，这种鸟身子呈青色，长有红色的尾巴。

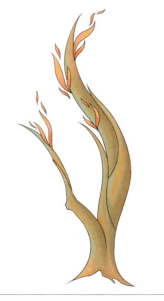

雄常
xióng
cháng

"肃慎之国在白民北。有树名曰雄常，先入伐帝，于此取之。"

肃慎国有一种树名叫雄常，只要有圣人称帝，就取此树的树皮来做衣服。

　　绕过巫咸国，小藏在路上遇到了一尊华丽且巨大的塑像，小藏仰视着这塑像，发现这尊塑像的形态是一只身形庞大的巨鸟，这只巨鸟的身体被涂画成青色，长长的尾巴则被涂画成红色，而且这塑像的雕刻实在是精细，它的爪子、羽毛都刻着逼真而美丽的纹理，让小藏忍不住发出感慨：这尊塑像的神态实在是过于古板呆滞，真是可惜了它每一处都栩栩如生的细节了。

　　小藏说着靠近塑像，见周围没有人看守，也没有写着禁止靠近的警告，他便伸出手，想要摸摸这塑像的触感，他还调整了一下齿轮眼，打算接下来再到塑像的头顶处看看——这尊塑像到底在看向哪里呢？

　　可小藏的手还没有碰到塑像呢，这尊"塑像"居然活动了起来。它先是转动了一下自己的眼睛，一双充满威严的眸子霎时盯得小藏一动也不敢动，接着它又舒展了一下翅膀，羽翼扇动周围的空气，化作一股巨力将小藏掀翻到地上。

　　小藏惊骇万分地趴在原地，不敢抬头，而后，一个低沉的声音在小藏头上响起：

　　"你要干什么？"

　　这个声音非常洪亮，震得小藏的耳朵嗡嗡作响，小藏连忙回答："对不起！我没想到你居然会动！"

　　"我当然会动。我是灭蒙鸟，又不是灭蒙石。好了，现在告诉我，你是来做什么的？"

　　"哇啊啊！你居然会动！"

　　"我当然会动，我是灭蒙鸟，又不是灭蒙石，好啦，该你告诉我了，你是谁，你要到我身上做什么？"

　　小藏不好意思地挠挠头："我是小藏，正在山海王国旅行中，那个……我不是小偷，我只是看你一动不动的，还以为你是塑像……"

听到小藏的解释，灭蒙鸟发出震耳欲聋的笑声，它就这样原谅了小藏，因为它确实总是一动不动地待在原地。

于是小藏问它为什么要那样做时，灭蒙鸟则回答小藏："哦，那只是因为我实在太懒了，我哪里都不愿意去，便一直待在原地，加之我实在非常长寿，久而久之，就被附近的人们当成路标参考了，所以我就更不能随意移动了。"

小藏点点头表示理解，接着又询问道："那你都为哪些地方做参考呢？"

灭蒙鸟先是指了指北方，小藏看到那里有一棵树，灭蒙鸟告诉他，那棵树是雄常，众神和圣人会用它的树皮来制作服装，小藏只要一直朝着那棵树的方向走，便会到达白民部落神仙们居住的地方。

龙 鱼

龙 lóng
鱼 yú

"龙鱼陵居在其北，状如狸。一曰鰕。即有神圣乘此以行九野。一曰鳖鱼在天野北，其为鱼也如鲤。"

在山陵中居住的龙鱼居住在诸天之野的北面，其形状与山猫相似。一说它的形状像娃娃鱼。有神圣之人骑着龙鱼巡游于九州之地。一说鳖鱼在诸天之野的北面，它的形状与鲤鱼相似。

按照灭蒙鸟的指引，小藏一路来到一处叫做诸禾之野的地方，他继续向北行进，路遇一处山陵，便进入其中，而在这昏暗潮湿的山陵中，小藏看到了许多外表好似山猫，但又有点像娃娃鱼也有点像鲤鱼的神兽，正在歪七扭八地躺在里面休息。

小藏恭敬地向它们问好，并询问它们的名字。

然而这些神兽却十分傲慢，它们慢悠悠地告诉小藏："我们是龙鱼，是山海王国里那些神圣之人的坐骑。"

小藏看出，虽然这些龙鱼态度傲慢，但对他的问题还是有求必应的，所以他接着询问龙鱼们："你们为什么能够成为神圣之人的坐骑呢？"

"那是因为我们有着非常强大的力量，我们能够腾云驾雾，上天入海，吸天地灵气，集日月精华。"龙鱼滔滔不绝地夸赞起自己的伟大，样子很是得意。

小藏对龙鱼的回答露出一丝怀疑的神色，虽然他知道，在山海王国最不该做的就是以貌取人，可看着山陵中这些龙鱼颓废慵懒的样子，小藏实在想象不到它们作为神圣之人的坐骑时会是什么样子。于是他继续问龙鱼们："那既然如此，你们现在为什么聚集在这里呢？"

"因为这里离神仙们居住的地方很近，我们为了随时响应神圣之人的召唤，所以一直在这里等待。"

听了他们的话，小藏下意识地竖起耳朵仔细聆听，周围万籁寂静，除了风声就只有龙鱼们呼吸的声音。小藏想，至少自己是听不到神圣之人的召唤了，所以他很好奇："最后再问你们一个问题，你们已经在这里等待多久了？"

"我想大概也就一年？"一条龙鱼回答。

"我算着已经过去十年了，不，已经一千年了！"另一条龙鱼反驳。

接着一个又一个的龙鱼都参与到这个问题中来，在整个山陵中吵得不可开交，直到它们都吵得气喘吁吁，这个争论才停下，可即使这场争论已经陷入了沉默，小藏依然没得到一个明确的答复，于是小藏说："为什么没有人能回答这个问题？难道你们之前说的话都是在骗我？"

"当然没有！"一条龙鱼说，"你怎么会认为我们会骗人？你要是不信，我们现在就可以化身为你的坐骑！"

它们说着，靠近到小藏身边，将他托起，就在小藏还在担心这些龙鱼会不会受伤时，只见这些龙鱼带着小藏跳出山陵，随着那轻盈的跃动，这些龙鱼也一下子就脱去了鲤鱼和山猫的外形，它们的体型变大，直到比小藏还要大，它们身子拉长，直到有龙那么长。

原来这就是"鲤鱼跃龙门"呀！小藏在心里想。

就这样，小藏骑在龙鱼们身上，飞向了白民部落神仙们的居所。

白民人物

盘古 pán gǔ

《三五历纪》:"天地混沌如鸡子,盘古生其中。万八千岁,天地开辟,清阳为天,浊阴为地。"

天地最初是一团混沌的鸡蛋,盘古在蛋中。十万八千年过去,天地分开,清阳的东西上升变成天,浊阴的东西下降变成地。

有巢氏 yǒu cháo shì

《路史》:"昔载上世,人固多难,有圣人者,教之巢居,冬则营窟,夏则居巢。未有火化,搏兽而食,凿井而饮。桧秸以为蓐,以辟其难。而人说之,使王天下,号曰有巢氏。"

在过去,人们生活艰难,有一位圣人,教导人们筑巢来居住,冬天制造洞窟,夏天居于巢穴,那时还没有火,人们捕获野兽来吃,凿制水井饮水,用植物桧秸作为被褥,解决人们的生活困难。于是这位圣人被人们推举为王,叫做有巢氏。

夸父 kuā fù

《拾遗记》："夸父与日逐走，入日。渴、欲得饮，饮于河、渭，河、渭不足，北饮大泽。未至，道渴而死。弃其杖，化为邓林。"

夸父追赶太阳，离太阳越来越近。这时夸父口渴难忍，想要喝水，于是去喝黄河和渭河中的水，将两条河的水喝干了，还是不够，便去喝北方大泽里的水。还没等到达大泽，夸父就渴死在半路上了。夸父临死前扔掉了自己的手杖，这根手杖后来变成了邓林。

伏羲 fú xī

《拾遗记》："又见一神，蛇身人面。禹因与语，神即示禹八卦之图，列于金版之上……蛇身之神，即羲皇也。"

又见到一个神，有着蛇的身体，人的面孔。禹便与他交谈，神向禹出示一块金板，上面刻着的是八卦图……这个有着蛇身的神，就是大神伏羲。

洛 luò
神 shén

《天问》："帝降夷羿，革孽夏民。胡射夫河伯，而妻彼洛嫔。"

天帝降下夷羿，祸害夏民。为何又射杀河伯，娶洛川宓妃洛神为妻。

　　白民部落的神仙居所，大概是小藏这一路旅行最后要造访的地方了，他搭乘在龙鱼之上，穿过冰川风雪，进入了一个比白民部落的雪原风光更加洁白无瑕的地方，这里在云端，却雾气弥漫，雪花飘飘，但当小藏用手去触碰那些雪时，却不觉寒冷，他甚至还能闻到那些雪花散发出阵阵花香，实在是美不胜收。

　　龙鱼们将小藏送至夸父身边，夸父体型壮硕，眼睛明亮，他仅是抬头看了一眼就认出了小藏。

　　"你好，小藏，我是夸父，我在这等你很久了！"

　　小藏不解，夸父为什么要等自己呢？于是夸父解释道，他早就听说小藏有一只能够带他前往任何地方的齿轮眼，所以善于奔跑的他十分想和小藏比试一番。

　　小藏便答应了同夸父的比赛，他心说，自己的齿轮眼可是能够进行瞬间移动的工具，怎么可能会输给用双脚奔跑的夸父？于是，小藏在夸父的引领下，启动齿轮眼与其赛跑，而让小藏惊讶的是，每当自己转动齿轮眼瞬移到目的地时，夸父却总是能快自己一步到达。

　　看着小藏震惊的表情，夸父笑着告诉小藏，他可是能和太阳赛跑的人，虽然速度不及太阳，却也不慢，小藏可不要太小瞧他呀！

　　一番比试后，小藏和夸父彼此不分胜负，他们一同来到有巢氏搭建的房屋中休息，同时也在这里休息的还有正在进行研究实验的伏羲和享用点心美食的洛神。

　　小藏依次跑去与他们搭话，他感谢了有巢氏教会人类建造住所，又对伏羲发明的渔猎畜牧、八卦音律等大加感叹。而当他面对洛神时，却被洛神的美貌震惊到说不出话，洛神也不恼，她轻飘飘地拿起一块点心喂给小藏，小藏张口吃掉，这才回过神来。

就这样，在小藏和洛神享用完点心后，夸父便带小藏来到了正在端坐于云端之上的盘古身边。

小藏知道，盘古是传说中开天辟地的创世之神，但小藏不知道，他的身姿居然如此庞大伟岸，他比小藏想象中的巨人还要高大，不过想想就能理解，毕竟盘古在完成了开天辟地的创世后，又以自己的身躯撑开了天地，所以这世界上天地之间的高度便是盘古的高度。

盘古将小藏托于掌心，将他端至自己面前，他睁开双眼，小藏仿佛看到了日月同辉于眼前，然后盘古询问小藏："小藏，我已知晓你在山海王国的旅行，所以，请你告诉我，你是如何看待山海王国的呢？"

小藏想了想："山海王国风景秀丽壮美，人民安居乐业，神兽也好，凶兽也罢，都在积极利用自己的能力让山海王国的生活变得更好，我一路旅行，不仅交了许多朋友，还学会了很多道理，尝试了许多新东西，我真的很喜欢这里。"

延 展

• 盘古，是中国神话传说中的创世神，桐柏一带有传说其出生于一枚龙蛋，由应龙抚育出生。

• 有巢氏，简称"有巢"或"巢"，号"大巢氏"，华夏族人，位列五氏之首，被誉为华夏"第一人文始祖"。史传有巢氏是人类原始巢居的发明者、巢居文明的开拓者。有巢氏开创巢居文明的伟大功绩，对中华文明以及人类文明的发展，都具有积极和深远影响。

• 伏羲，华夏民族人文先始，三皇之一，亦是与女娲同为福佑社稷之正神。楚帛书记载其为创世神，是中国最早的有文献记载的创世神。风姓，又名宓羲、庖牺、包牺、伏戏，亦称牺皇、皇羲，《史记》中称伏牺，在后世与太昊、青帝等诸神合并，在后世被朝廷官方称为"太昊伏羲氏"，亦有青帝太昊伏羲（即东方上帝）一说。燧人氏之子，生于成纪，定都在陈地。所处时代约为旧石器时代中晚期。伏羲是古代传说中的中华民族人文始祖，是中国古籍中记载的最早的王，是中国医药鼻祖之一。

• 洛神即宓妃，司掌洛河的地方水神。宓妃游于洛水，美色为河伯所垂涎，河伯使计将宓妃溺于洛水，因此强占宓妃，夏朝的有穷国君后羿（神话故事中羿娶嫦娥，并不是同一个人物）仰慕宓妃，而被河伯所知，河伯发难于洛水，兴水患而为害一方，后羿愤而射伤河伯，娶宓妃为妻，河伯向天帝状告，而被天帝奚落，成全了后羿和宓妃。宓妃神话产生之初，其形象是一位美丽、爱情、性为化身的配偶神。

文献来源

朏朏：《山海经》第五卷《中山经》

青耕：《山海经》第五卷《中山经·中次十一经》

跂踵：《山海经》第五卷《中山经·中次十经》

食铁兽：《山海经·郭璞注》第五卷《中山经·中次九经》

植楮：《山海经》第五卷《中山经》

夫诸：《山海经》第五卷《中山经·中次三经》

脩辟鱼：《山海经》第五卷《中山经·中次六经》

文文：《山海经》第五卷《中山经·中次七经》

蛊蚳：《山海经》第五卷《中山经·中次二经》

梁渠：《山海经》第五卷《中山经·中次十一经》

狙如：《山海经》第五卷《中山经·中次十一经》

獜：《山海经》第五卷《中山经·中次十一经》

荣草：《山海经》第五卷《中山经》

窃脂：《山海经》第五卷《中山经·中次九经》

犀渠：《山海经》第五卷《中山经·中次四经》

雕棠：《山海经》第五卷《中山经》

山膏：《山海经》第五卷《中山经·中次七经》

帝休：《山海经》第五卷《中山经·中次七经》

闻獜：《山海经》第五卷《中山经·中次十一经》

鬼草：《山海经》第五卷《中山经》

烛龙：《山海经》第十七卷《大荒北经》

甘木：《山海经》第十五卷《大荒南经》

琴虫：《山海经》第十七卷《大荒北经》

趹踢：《山海经》第十五卷《大荒南经》

夔：《山海经》第十四卷《大荒东经》

玉兔：《天问》

若木：《山海经》第十七卷《大荒北经》

帝俊：《山海经》第十四卷《大荒东经》

羲和：《山海经》第十五卷《大荒南经》

常羲：《山海经》第十六卷《大荒西经》

女娲：《山海经·郭璞注》第十六卷《大荒西经》

西王母：《山海经》第二卷《西山经·西次三经》

三青鸟：《山海经》第十六卷《大荒西经》

驳吾：《山海经》第十二卷《海内北经》

穷奇：《山海经》第十二卷《海内北经》

大蜂：《山海经》第十二卷《海内北经》

朱蛾：《山海经》第十二卷《海内北经》

冉遗鱼：《山海经》第二卷《西山经·西次四经》

辣辣：《山海经》第三卷《北山经·北次三经》

寓：《山海经》第三卷《北山经》

吉量：《山海经》第十二卷《海内北经》

大蟹：《山海经》第十二卷《海内北经》

建木：《山海经》第十卷《海内南经》

窫窳：《山海经》第十卷《海内南经》

巴蛇：《山海经》第十卷《海内南经》

旄马：《山海经》第十卷《海内南经》

兕：《山海经》第十卷《海内南经》

菌狗：《山海经》第十八卷《海内经》

蝡蛇：《山海经》第十八卷《海内经》

翳鸟：《山海经》第十八卷《海内经》

孟鸟：《山海经》第十一卷《海内西经》

树鸟：《山海经》第十一卷《海内西经》

开明兽：《山海经》第十一卷《海内西经》

珠树：《山海经》第十一卷《海内西经》

文玉树：《山海经》第十一卷《海内西经》

圣木曼兑：《山海经》第十一卷《海内西经》

玗琪树：《山海经》第十一卷《海内西经》

木禾：《山海经》第十一卷《海内西经》

不死树:《山海经》第十一卷《海内西经》

鸾鸟:《山海经》第二卷《西山经·西次二经》

嫘祖:《山海经》第十八卷《海内经》

黄帝:《山海经》第十八卷《海内经》

雷神:《山海经》第十三卷《海内东经》

风伯:《山海经》第十七卷《大荒北经》

雨师:《山海经》第十七卷《大荒北经》

文鳐鱼:《山海经》第二卷《西山经·西次三经》

狡:《山海经》第二卷《西山经·西次三经》

天狗:《山海经》第二卷《西山经·西次三经》

狰:《山海经》第二卷《西山经·西次三经》

毕方:《山海经》第二卷《西山经·西次三经》

丹木:《山海经》第二卷《西山经·西次四经》

帝江:《山海经》第二卷《西山经·西次三经》

谨:《山海经》第二卷《西山经·西次三经》

蛮蛮:《山海经》第二卷《西山经·西次三经》

朱厌:《山海经》第二卷《西山经·西次二经》

蓇蓇:《山海经》第二卷《西山经》

耳鼠:《山海经》第三卷《北山经》

飞鼠:《山海经》第三卷《北山经·北次三经》

驒:《山海经》第三卷《北山经·北次三经》

嘉果:《山海经》第二卷《西山经·西次三经》

肥遗:《山海经》第三卷《北山经》

沙棠:《山海经》第二卷《西山经·西次三经》

鯈鱼:《山海经》第三卷《北山经》

白䳭:《山海经》第三卷《北山经》

狍鸮:《山海经》第三卷《北山经·北次二经》

孟槐:《山海经》第三卷《北山经》

文茎:《山海经》第二卷《西山经》

滑鱼:《山海经》第三卷《北山经》

何罗鱼:《山海经》第三卷《北山经》

器酸：《山海经》第三卷《北山经·北次三经》

精卫：《山海经》第三卷《北山经·北次三经》

炎帝：《易·系辞下》

禹貔：《山海经》第十四卷《大荒东经》

共工：《神异经》

听訞：《山海经》第十八卷《海内经》

当康：《山海经》第四卷《东山经·东次四经》

蠭：《山海经》第四卷《东山经·东次四经》

桢木：《山海经》第四卷《东山经·东次四经》

鲐鲐鱼：《山海经》第四卷《东山经·东次三经》

杻：《山海经》第一卷《南山经·南次二经》

儵鱅：《山海经》第四卷《东山经》

朱獳：《山海经》第四卷《东山经·东次二经》

精精：《山海经》第四卷《东山经·东次三经》

妴胡：《山海经》第四卷《东山经·东次三经》

獙獙：《山海经》第四卷《东山经·东次二经》

珠蟞鱼：《山海经》第四卷《东山经·东次二经》

鮯：《山海经》第四卷《东山经·东次三经》

凤凰：《山海经》第一卷《南山经·南次三经》

祝馀：《山海经》第一卷《南山经》

蛊雕：《山海经》第一卷《南山经·南次二经》

狌狌：《山海经》第一卷《南山经》

无名木：《山海经》第四卷《东山经·东次四经》

猼訑：《山海经》第一卷《南山经》

颙：《山海经》第一卷《南山经·南次三经》

苣：《山海经》第四卷《东山经·东次四经》

类：《山海经》第一卷《南山经》

旋龟：《山海经》第一卷《南山经》

白䓘：《山海经》第一卷《南山经·南次三经》

鹿蜀：《山海经》第一卷《南山经》

迷毂：《山海经》第一卷《南山经》

灌灌：《山海经》第一卷《南山经》

赤鱬：《山海经》第一卷《南山经》

后羿：《山海经》第十八卷《海内经》

祝融：《山海经》第六卷《海外南经》

燧人氏：《韩非子·五蠹》

蚩尤：《山海经》第十五卷《大荒南经》

颛顼：《山海经》第十六卷《大荒西经》

九尾狐：《山海经》第一卷《南山经》

祸斗：《原化记》

三株树：《山海经》第六卷《海外南经》

长右：《山海经》第一卷《南山经·南次二经》

寻木：《山海经》第八卷《海外北经》

驳：《山海经》第二卷《西山经·西次四经》

孟极：《山海经》第三卷《北山经》

罗罗：《山海经》第八卷《海外北经》

应龙：《山海经》第十四卷《大荒东经》

扶桑：《山海经》第九卷《海外东经》

徽狇：《山海经》第二卷《西山经·西次三经》

鼍：《山海经》第五卷《中山经·中次九经》

罴：《山海经》第八卷《海外北经》

视肉：《山海经》第八卷《海外北经》

狚狼：《山海经》第五卷《中山经·中次九经》

薰华草：《山海经》第九卷《海外东经》

鲲鹏：《逍遥游》

乘黄：《山海经》第七卷《海外西经》

黄马：《山海经》第七卷《海外西经》

鸾鸟：《山海经》第七卷《海外西经》

玄豹：《山海经》第五卷《中山经·中次十一经》

猨：《山海经》第五卷《中山经·中次十一经》

甘华：《山海经》第八卷《海外北经》

甘柤：《山海经》第八卷《海外北经》

并封:《山海经》第七卷《海外西经》

灭蒙鸟:《山海经》第七卷《海外西经》

雄常:《山海经》第七卷《海外西经》

龙鱼:《山海经》第七卷《海外西经》

盘古:《三五历纪》

有巢氏:《路史》

夸父:《拾遗记》

伏羲:《拾遗记》

洛神:《天问》

图书在版编目(CIP)数据

小藏漫游山海经/遇见馆藏编委会编. —上海：
上海人民出版社,2023
ISBN 978 - 7 - 208 - 18435 - 0

Ⅰ. ①小…　Ⅱ. ①遇…　Ⅲ. ①《山海经》-通俗读物
Ⅳ. ①K928.631 - 49

中国国家版本馆 CIP 数据核字(2023)第 135088 号

责任编辑　张晓玲　秦　堃
封面设计　陈绿竞

小藏漫游山海经
遇见馆藏编委会 编

出　　版　上海人民出版社
　　　　　（201101　上海市闵行区号景路 159 弄 C 座）
发　　行　上海人民出版社发行中心
印　　刷　上海盛通时代印刷有限公司
开　　本　720×1000　1/16
印　　张　20
字　　数　389,000
版　　次　2023 年 8 月第 1 版
印　　次　2023 年 8 月第 1 次印刷
ISBN 978 - 7 - 208 - 18435 - 0/G·2160
定　　价　98.00 元